포지티브 명상

천부경의 홍익인간 프로젝트 실행방법

포지티브 명상

발행일	2018년 4월 13일

지은이	홍대영
펴낸이	홍대영
펴낸곳	앙명인
편집인	홍대영
출판등록	2018. 1. 31(제2018-000002호)
주소	인천광역시 연수구 동곡재로117번길 22, 111동406호 (동춘동, 연수3차대우아파트)
홈페이지	https://blog.naver.com/angmyeongin
전화번호	010-7537-9808

ISBN   979-11-963082-0-9 03150(종이책)   979-11-963082-1-6 05150(전자책)

이 도서의 국립중앙도서관 출판예정도서목록(CIP)은 서지정보유통지원시스템 홈페이지(http://seoji.nl.go.kr)와
국가자료공동목록시스템(http://www.nl.go.kr/kolisnet)에서 이용하실 수 있습니다.
(CIP제어번호 : CIP2018010857)

홍대영 지음

포지티브
Positive Meditation
명상

천부경의 홍익인간 프로젝트 실행방법

 앙명인

책머리에

인류는 지금 문명의 큰 전환기를 맞고 있다. 새로운 제2의 기축시대가 도래하고 있다. 기축시대란 철학자 카를 야스퍼스(Karl Jaspers)가 지칭한 용어로, 인류 역사 발전의 중심축이 된 시대, 중요한 전환점이 된 시대를 뜻한다. 인공지능이 기계와 연결되는 새로운 4차 산업혁명이 도래하고 있다. 기계가 육체의 기능을 대신한 기존의 산업혁명과는 차원이 다른 인간의 정신적 기능을 대신할 인공지능의 도래는 우리 인류의 삶을 크게 변화시킬 것이다.

현재 인류는 자본주의 시대에 살고 있다. 과학기술의 발달은 자본의 이윤추구와 효용성을 추구하는 가치와 맞물려 인류를 의식주의 빈곤에서 벗어나는데 많은 이바지를 하였다. 이러한 축적된 과학기술은 4차 산업혁명을 탄생시킨 원동력으로 물질적으로 풍요로운 삶을 위한 디딤돌 역할을 할 것이다.

그러나 물질만능주의와 부의 집중은 국가 간 계층 간의 갈등을 고조시키고 분열과 대립을 일으키며 삶의 질을 위협하고 있다. 인류가 겪었던 무수한 환란과 재난의 중심에는 의식의 수준과 관련되어 있다. 이러한 의식의 변화나 도약 없는 기술혁명은 마치 철없는 아이에게 보검을 쥐여주는 격으로 인류에 삶을 위태롭게 할 것이다.

따라서 이를 제어하고 올바른 가치를 부여할 정신혁명의 도래는 우주 순환원리의 당연한 순서이다. 우리가 세상을 제대로 보지 못하는 이유는 판단할 정보가 부족해서가 아니라, 너무 많은 정보로 가득 차 있기 때문이다. 우리는 이제 우리 자신의 내면을 직시하고 가득 차 있는 마음을 비워내야 한다. 비우면 하나가 된다.

천부경을 처음 접하고 난 후 관련된 자료나 책들을 보면서 지나친 국수주의적 해석과 편향된 풀이를 보면서 오히려 천부경의 진가를 간과할 뻔하였다. 그러나 글을 해석하면서 천부경이야말로 앞으로 전개될 정신문명을 이끌 위대한 경전임을 확신하였다. 이를 모든 인류에게 알려야 한다는 사명감이 생겼다. 천부경은 세상의 이치를 설명한 글이다. 세상의 이치를 알고 나면 자유를 얻게 된다. 세상을 창조한 본심의 존재를 인식하고, 자신의 존재가치와 이유에 대한 답을 얻게 되면 세상에 대한 배타적인 마음이 사라지면서 모두가 근본이 하나임을 알게 된다. 종교, 인종, 학문의 통합과 신뢰가 저절로 이뤄진다. 천부경은 인류의 패러다임을 바꿀 위대한 경전이다.

천부경은 81자의 짧은 글임에도 불구하고 세상의 이치를 설명하는데 조금도 부족함이 없다. 천부경의 글자구성은 개별적이고 독립적으로 나열된 것이 아니라 마치 퍼즐을 풀 듯이 하나를 풀면 그 의미가 다른 글자와 연계되어 있어 전체가 하나의 생명체처럼 유기적으로 구성된 신묘한 글이다. 글 해석은 진리를 검증하고 확인하는데 가장 신뢰받는 과학이론을 기반으로 설명하려고 노력하였다. 이는 기존의 풀이와 차별되는 독창적인 해석이라고 자부한다. 천부경에서 숫자의 의미를 과학이 밝힌 이론에 적용하면 놀랄 만큼 일치한다. 글이 쓰여 진지 만여 년이 지난 현재에, 과학에서 밝힌 이론으로 해석이 가능하다는데 놀라움을 금치 못하고 있다.

천부경의 핵심사상은 인간완성이다. 인간완성의 시작은 깨달음을 통해 본심을 보고 알아야 가능하다. 본심에 대해 믿음이 생기고 참된 의식이 채워지면 홍익인간과 재세이화를 이룰 힘을 갖게 된다. 이러한 의식으로 거듭난 자들이 인류의 삶을 선도할 신인류이다. 신인류란 깨달음을 얻고 그 마음으로 세상을 위해 살아가는 인간이다.

인간은 태어나서 살아가는 동안 수많은 사연을 겪는다. 이 산 삶의 기억이 자기라는 정체성의 근간이 된다. 기억 속에는 대부분 그 당시에 느꼈던 감정이 묻어있다. 같은 부모 밑에서 자란 형제들도 과거에 함께 겪은 같은 상황에 대한 기억들이 서로 같지 않을 것이다. 이 감정이 묻어있는 기억의 내용은 자기 이외는 누구도 알지 못한다.

기억은 자기중심적으로 저장된다. 이러한 경험들이 누적되어 자기만의 관념과 관습이 형성된다. 이것을 없애버리고 높은 차원으로 영(靈)적인 상승을 하는 것이 깨달음이다. 이는 물질의 변화가 아니라 의식의 변화이다.

깨달음은 오직 체득으로만 알 수 있는 지극히 주관적인 영역이다. 따라서 방법의 전수는 비급으로 전해지거나, 종교적인 관념으로 포장되어 후대에 전해졌다. 본인이 체득한 경위와 방법을 객관적으로 정확히 분석하고 재현하기가 어렵기 때문에 다양한 방법이 범람하게 되었다. 따라서 깨달음을 얻는 것이 극소수의 출가자에게만 가능한 것으로 변질되었고, 체험을 통한 설명이 어렵게 되자, 이를 학문적으로 짜깁기 한 사이비 방법들이 깨달음을 점점 관념적이고 현학적으로 변질시켰다.

깨달음은 이루려면 원리를 이해하고 이에 대한 정확한 방법과 실행이 필요하다. 포지티브 명상법은 생각으로 형상(形相)으로 저장된 기억을 떠올려, 떠올린 형상을 의식으로 제거하고, 제거되었음을 마음이 인정하는 수행법이다. 기억에는 감정이 함께 저장돼있으므로. 이것을 없애면 관념이 무너지기 시작한다. 누적된 사연의 기억 속에 사고의 틀인 관념이 담겨있기 때문이다. 그다음엔 관념의 기반인 자존심, 열등감, 불안감, 이중마음, 선입관, 고정관념, 미움, 원망 등이 변화되고 약해지고 없어진다. 이것을 집중해서 계속하면 감정이 제거되고, 감정이 엷어지면 형상도 희미하게 변해가고 결국엔 사라진다.

이것이 마음을 버리는 것이다. 이것이 진정한 마음의 자유인 것이다. 이윽고 본심이 드러나고 깨달음을 얻게 된다.

영혼의 진화는 에고가 다양한 감정을 경험하고 이로 인해 생긴 이기심을 정화하는 과정이다. 인간이 수많은 생을 겪는 까닭이다. 고등동물인 인간은 감정의 표출과 세밀한 표현이 정점에 도달하여 있으므로, 본심이 나를 통하여 이루고자 하는 미션을 자각할 수 있다. 본심이 개체의식을 통해 드러내고자 하는 최고의 감정이 사랑이다. 에고의 개체적인 수준의 사랑이 아니라 전체의식의 사랑이다. 이것이 하나님의 마음이다. 오직 전체의식인 사랑으로 깨어난 영혼만이 다음 단계로 도약할 수 있다. 수준 높은 다음 차원의 세계로 넘어가려면 감정을 정화해야만 한다. 이는 누구도 나를 대신 할 수 없다. 오직 본인 스스로 해결해야만 한다. 내 업은 내가 닦고, 내 죄는 내가 속죄하여야 한다. 그래서 예수님도 부처님도 공자님도 표현은 다르지만 남을 배려하고 위하는 마음인 사랑을 최고의 가르침으로 삼았다.

IMF 외환 사태로 모든 재산과 노력이 한순간에 날아갔다, 40대 중반에 백수가 되어 빚까지 진 나는 부모님과 두 어린 애들까지 아내에게 떠넘기고 인생의 근원에 대한 답을 얻기 위해서 40대 중반에 집을 나섰다. 나는 누구이고, 어디서 왔으며, 어디로 가는가, 나의 존재 이유는 무엇인가. 마침내 나는 답을 찾았다. 지금까지 나를 힘들게 한 모든 것들을 용서할 힘이 생겨났다. 모든 응어리가 눈 녹듯 사라지고 원망이 감사함으로 변했다. 나를 에워싼 환경은 그대로인데 마음이 바뀌자 모든 것이 변하는 기적을 체험하였다. 나는 나 스스로 놀랄 만큼 많이 변했다. 아내가 가장 놀라고 반겼다. 편히 쉰다는 느낌이 들었다. 마치 태곳적부터 쌓아 올린 거대한 허상의 회오리에서 벗어나 공중부양을 했다는 느낌이었다. 벗어나서 보면 잘 보인다. 욕망과 무지에 갇혀 우왕좌왕하면서 갈 곳을 모르고 헤매는 거대한 군중이 보인다. 그러나 회오리의 흡입력은 어마어마해서 조금만 방심하면 곧바로 빨려 들어간다. 하나인 이 마음을 어떻게 지키고 유지할까? 이것이 내가 책을 쓰게 된 강력한 동기이다.

차례

1부

진리를 찾다

1부. 진리를 찾다

공부 못하는 학생

지금 생각해 보면 그저 평범하고 소심한 학생이었다는 생각이 든다. 고입평준화로 학군조정이 애매하다는 정책적인 결정으로 시험성적순으로 입학한 고등학교부터 나란 정체성을 잃어가기 시작한 것 같다. 중학교까지는 그나마 벼락치기 공부로 겨우 상위권을 유지했지만, 성적순으로 입학했다는 자만심도 잠시뿐, 입학 후 반 편성 시험으로 열등 반에 배정됐다는 사실을 알게 되면서, 자괴감으로 힘든 마음은 학년 초 야간 자율학습 시간에 도서관에서 빌린 책을 본다는 이유로 감독 교사한테 급우들 앞에서 매까지 맞은 사건으로 더욱

더 위축되었다. 더군다나 전 학년의 시험결과를 성적순으로 나열하여 배포한 끔찍한(?) 성적순위표가 통학노선이 같은 여학교 학생들에게도 유포된다는 루머는 교복에 부착된 이름표뿐만 아니라 나 자신도 부끄럽고 가리고 싶은 대상으로 만들어 버렸다. 오직 성적이란 계량화된 숫자로 인성을 평가하는 학교의 분위기와 일류대학의 합격자 수가 학교의 등급을 결정한다는 교육철학을 신봉하는 대한민국의 학부모들과 교육자들의 신념으로 점령당한 고교 시절은 그냥 견뎌내야만 했던 외롭고 불안하고 힘든 시절이었다. 담임선생님의 권고와 어머니의 성화로 과외도 해 봤지만, 나의 성적을 늘 제자리를 맴돌았다. 나의 학창시절의 공부는 마치 실력은 모자라지만 무서운 선생님이 내준 숙제와 같았다. 공부도 잘 하지 못하고 그렇다고 잘 놀지도 못하는 그냥 영혼이 육체를 빠져나가는 것만을 간신히 붙잡고 있는 학생으로 나의 고교 시절은 그렇게 흘러갔다. 그나마 공부만을 절대 가치로 여겨 몰아붙인 학업열로 수도권대학에 입학할 수가 있었다. 취업이 잘된다는 이유만으로 입학한 경영학과의 학과공부도 단지 학점을 따기 위한 숙제일 뿐이었다. 취업 후에 공부한다며 읽은 책들도 소설책과 자기개발서나 외국어학습에 관련된 책이 대부분이었다. 그때까지 나에게 있어서 공부란 인생에서 하기는 싫어도 치열한 경쟁 사회에서 살아남기 위해 해야만 하는 숙제일 뿐이었다.

공부를 다시 시작하다

"와 시속 180km가 넘어도 운전하기가 괜찮네." 1997년 추석 연휴 때 나는 친구랑 독일 아우토반을 빌린 벤츠 차량으로 로만틱 가드를 신나게 달리고 있었다. 독일서 유학한 친구의 도움으로 시작한 건축자재 수입판매업이 4년 동안 열심히 일한 결과 어느 정도 안정이 되면서 공급업체의 방문과 신규업체 발굴도 필요하다고 판단하여 추석 연휴 기간을 이용해 유럽을 방문하였다. 기대이상의 방문성과로 기존의 수입량보다 2배로 늘려서 주문한 물건이 들어올 무렵, IMF 외환사태가 벌어졌다. 달러 환율이 치솟자 준비한 결제자금이 기존금액의 2배가 훨씬 넘게 되면서 은행의 예금, 적금으로도 모자라 급기야는 부모님의 사시는 집까지 경매로 넘어갈 지경에 이르게 되었다. 더군다나 지점장까지 바뀐 은행의 24%가 넘는 고율의 연체 금리로 순식간에 채무액은 눈덩이처럼 늘어만 갔다. 환란의 기회를 이용하여 약삭빠른 채무자들은 다 도망가고, 공권력으로 무장한 은행, 국세청, 세관과 같은 벗어날 수도 없고 대항할 수 없는 냉혹하고 거대한 채권자들의 빚 독촉에 시달려야만 했다. 밤낮을 가리지 않고 열심히 일만 했는데, 모든 재산과 노력이 한순간에 날아갔다. 나라에 대한 억울하고 원망스러운 마음이 삶을 지탱하게 한 울분의 시절이었다.

빈털터리에서 친구의 소개와 처가의 도움으로 시작한 월세만 내는 조건으로 시작한 식당이 그럭저럭 자리를 잡고, 마음도 가라앉을 무렵에, 갑자기 식당 건물이 경매로 넘어가면서 또다시 벼랑 끝으로 내몰리는 상황이 되고 말았다. 식당을 하면서도 이런 나라에서는 자식들은 키우지 않겠다고 결심한 후, 해외로 나가는 방법을 찾던 나에게 독일에서 교포가 운영하던 한식당을 후지급으로 월세를 내는 조건이 가능하다는 중개인의 말을 믿고 우리 내외는 곧바로 학원에 등록하여 한식조리기능사 자격을 취득하고 아내는 실습과 경력과 쌓기 위해 뷔페식당에 취직하였다.

식당을 하루도 쉬지 않고 매일 새벽까지 일하면서 몸과 마음이 지쳐갈 때 나를 지탱해준 것이 아내의 배려와 권유로 시작한 명상이었다. 새벽 일 끝나고 잠깐씩 하는 명상은 뭔가 나랑 맞는 느낌이었다. 그동안 잊고 지냈던 인생의 의미와 삶의 가치가 무엇인지 진지하게 생각하면서 분노로 쌓인 부정적인 감정들을 버리자 몸도 좋아지고 마음이 안정되면서, 늘 괴롭히던 자책감이 줄면서 자신감도 생겨나기 시작했다.

독일로 가려던 계획은 아내가 현지에 식당까지 방문하면서 성사가 되는 듯했지만, 이 정보를 듣고 좋은 조건을 제시한 지인에게 넘어가면서 무산되고 말았다. 야속하고 낙담이 컸지만 어쩔 수가 없었다. 졸지에 백수가 된 나는 여러 날을 고민하고 망설이다가 결심하고 아내에게 입을 열었다.

"여보 나 이제는 무슨 일이라도 할 수 있을 것 같아. 지금은 막막하지만 앞으로 어떤 일이든 또 하게 되겠지. 그런데 이 공부는 끝까지 하고 싶어. 비록 지금은 어렵고 힘들지만, 평생에 이런 기회는 다시 얻기 힘들 것 같아. 기회를 놓치면 평생 후회할 것 같아."

나의 성정을 잘 아는 아내가 용기를 주며 말했다.

"부모님과 애들은 내가 그동안 책임 질 테니 다녀 오세요."

나는 그 동안 가장으로 지고 있던 무거운 짐을 고스란히 아내에게 떠넘기고, 곧바로 짐을 꾸려 숙식하며 집중적으로 명상공부를 할 수 있는 지방에 위치한 명상교육원으로 내려갔다. 사십대 중반의 늦은 겨울 이였다. 그러면서도 가슴이 벅차오르는 건 내게도 공부가 하고 싶다는 열정이 남아있다는 사실이었다. 낯설고 놀랍고 신기한 일이었다.

공자님 말씀을 이해하다

《논어》는 공자와 그 제자들의 대화를 기록한 책이다. 맨 처음 문장이 학이시습지 불역여호(學而時習之, 不亦說乎: 배우고 때때로 그것을 익히면 또한 기쁘지 아니한가?)로 시작한다. 지금도 학창시절 이 문장을 배우면서 급우끼리 장난으로 주고받던 말이 생각난다. 그 내용은 첫째 공자님께서 공부가 재미있다고 하신 말씀은 당연히 거짓말이거나 제정신이 아니셨을 때 하신 말씀이다. 둘째 수험료가 아쉬워 공부하기 싫어하는 제자들을 꼬드기려고 하신 말씀이다. 셋째 공부 잘하는 것 자랑하고 티 내려고 하신 말씀이다. 등으로 학창 시절에 교과서에 실린 이 글은 우리에게는 현실성이 전혀 없는 시험을 위해 암기해야 할 귀찮고 고리타분한 옛글일 뿐이었다.

아들 녀석이 컴퓨터게임에 빠져 밥도 굶고 심지어는 밤을 새우면서까지 몰입하는 것을 보면 불가사의하다는 생각이 든다. 평소에 책상에 앉아 책보는 모습을 본 적이 없는데 저런 열정과 집중력은 도대체 어디에서 나오는 것일까? 공부를 게임 하듯이 한다면 외국에 명문대라도 갈 수 있을 것 같은데. 단지 재미가 있고 없고의 단순한 차이는 아닌 것 같다. 만약에 게임을 스타트 하자마자 캐릭터가 바로 죽는다면 게임이 재미있을까? 캐릭터가 각 단계에서 살아남아 다음 단계로 넘어가려면 무수한 실패를 반복하면서 게임의 룰과 변화과정에 통달해야만 가능하다. 세밀한 기술과 민첩한 실력을 배양하지 못하면 다음 단계로 넘어 갈 수가 없게 한 것이 게임의 구조다. 이 과정이 진척 없이 계속 반복된다면 재미는커녕 오히려 스트레스가 쌓이고 괴롭고 힘들 것이다. 재미란 게임을 능숙하게 할 수 있을 때나 맛볼 수 있는 전쟁의 훈장 같은 것이다. 도대체 이 둘의 차이는 무엇일까? 이 둘의 진행 과정은 전혀 다르지 않다. 공자님께서 이렇게 말씀하셨다.

학(學): 배우고 시(時): 시간을 내서 습(習): 익혀야만 열(悅): 기쁨을 얻을 수 있다.

게임은 이루려는 목표가 명확하고 이를 이루려면 어떻게 해야 하는지 알 수가 있고 방법대로 열심히 하면 원하는 목표에 도달할 수가 있다는 믿음이 있다. 목표를 성취하면서 기쁨을 얻을 수 있다. 자기 스스로에 대한 만족이 몰입하게 하는 힘이며 보상이다. 프로게이

머가 돼서 성공하고 돈 많이 벌겠다는 목적으로 게임을 하는 친구들은 거의 없다. 아들 녀석에게 물어봤다. "너 이렇게 열심히 해서 프로게임머 될래? 아들은 대답은 간단명료했다. "미쳤어요?" 그럼 "너 공부가 재미있냐?"라고 물으면 역시 같은 대답을 들을 것 같다. 우리는 늘 이렇게 물어본다. 너 공부해서 무엇이 될래? 공부가 수단이 되면 공부가 재미없다. 공부뿐만 아니라 운동도 음악도 심지어 노는 것도 시험 본다면 재미없어진다. 왜 많은 학생들이 공부하지 않는지에 대한 답이다. 멍청하고 공부 못하는 학생은 없다. 다만 공부를 돈벌이와 출세의 수단으로만 가르치고 설득하기 때문이다.

명상을 통해 학창시절의 공부에 대한 열등감과 학교에 대한 부적응은 정신이 성숙했기 때문임을 알았다. 성숙한 영혼이 받아들이기에는 정규 교육이 강요하는 목적과 실행방법이 유치했다. 단순 암기와 기계적인 문제 해결 능력만을 강요했다. 자신의 좋은 성적을 위해 반복적인 노력을 기울이는 단순한 학생만이 인정받는 구조였다. 오로지 자신만의 욕망을 위해 좋은 대학, 좋은 직장과 미래에 풍요롭게 살기 위해 하라는 공부가 성숙한 영혼에 어떻게 어울릴 수가 있겠는가?

삶의 무게를 벗고자 발버둥 치지만 점차 변두리로 밀려가던 가장이 부양할 가족도 아내에게 떠넘기고 인생의 근원에 대한 답을 얻기 위해서 40대 중반에 집을 나섰다. 나는 누구이고, 어디서 왔으며, 어디로 가는가, 나의 존재 이유는 무엇인가. 마침내 나는 답을 찾았다.

비로소 공자님 말씀이 이해가 되었다. 주체할 수 없는 기쁨과 감동이 밀려왔다. 지금까지 나를 힘들게 한 모든 것들을 용서할 힘이 생겨났다. 모든 응어리가 눈 녹듯 사라지고 원망이 감사함으로 변했다. '진리가 너희를 자유롭게 하리라' 기적이란 이런 것이다.

명상은 재미있는 공부다

집을 떠나기 전에 40대 중반에 백수가 되어 빚까지 지고 부모님과 두 어린 애들까지 아내에게 떠넘기고 할 만큼 가치 있는 일인가? 이러한 나의 행위가 무모하고 이기적인 것은 아닐까? 명상으로 마음을 가라앉히고 신중히 생각을 거듭하면서 이번 기회가 나의 인생에서 큰 전환점이 될 것이라는 확신이 들었다. 위기란 또 하나의 기회다.

3년 동안 새벽에 꾸준히 명상하면서, 육체를 훈련으로 단련시키면 건강해지듯, 마음도 올바른 방법으로 훈련하면 좋아지고 건강해질 수 있다는 것을 체험하였다. 마음이 비워질수록 편안해지고 스트레스도 점차로 줄어들면서 대인관계도 원만해지고 걱정이 줄면서 불면증도 사라지고, 나를 에워싼 환경은 그대로인데 마음이 바뀌자 모든 것이 변하는 기적을 체험하였다.

명상은 '고요히 눈을 감고 깊이 생각함' 또는 생각(想)을 잠재운다는(冥) 뜻이다.

21세기를 움직인 혁신의 아이콘인 스티브 잡스의 창의력과 통찰력의 배경이 명상이었음은 잘 알려진 사실이다. 미국의 첨단업체인 구글, 인텔, 페이스북, 트위터, 이베이 등. 실리콘밸리의 대표적 기업들이 직원의 업무 몰입과 정신건강을 위해서 제공하는 것이 바로 '명상'이다. 실리콘밸리에서 명상은 이제 단순히 '유행'을 넘어서 실리콘밸리의 문화로 자리 잡고 있다.

명상도 배우고 익혀야 하는 공부이다. 대부분의 공부는 결과를 시험으로 평가받는다. 시험은 출제자로부터 평가받는 과정으로 모든 권한은 출제자들만이 갖고 있다. 이것이 시험공부가 재미없고 싫은 요인이다. 반면에 명상은 목표가 무엇인지 알 수가 있고, 목표와의 현재 수준과의 차이를 인지할 수가 있으며, 목표에 도달하기 위해서 어떻게 해야 하는지를 정확히 알 수 있다. 본인이 배우고 익힌 결과를 스스로 평가한다. 목표를 달성하면 기쁘고 행복하다. 명상은 뭔가를 얻기 위한 수단으로는 너무나 고귀하다. 명상에는 합격, 불합격도 없고 커트라인도 없다. 속임수도 반칙도 요행도 없다. 정직하다. 스스로 한 만큼 효과를 얻는다.

크리스마스 장식물에 스노 글로브(Snow globe)는 인형·건물 등이 있는 투명 용기 안을 액체로 채우고, 흔들면 눈이 내리는 것 같은 풍경을 만드는 장난감이다. 이것을 흔들면 눈이 날리고 시간이 지나면 눈은 밑으로 가라앉는다, 눈을 생각으로 비유한다면 명상은 생각들을 잠재우고 마음을 안정시키는 공부이다. 마음이 안정되면 저절로 행복해진다. 이것이 지금 서구에서 열풍처럼 유행하는 '마음 챙김 명상법'이다. 생각을 안정시키기 위해 가장 일반적인 방법이 호흡을 관찰하는 것이다. 마음을 한곳에 집중하면 잡념이 사라지는 원리다. 그러나 눈이란 조건이 남아 있는 한 흔드는 순간 눈은 또 내릴 것이다. 눈을 아예 없애 버리면 어떨까? 내가 배운 명상법은 눈을 가라앉히는 것이 아니라 녹여버리는 훈련이었다. 훈련을 반복하자 눈이 녹아 사라지는 것이 마음에서 확인되었다. 이것이 진정으로 마음을 비우는 것이다. 마음이 안정되고 그 상태를 유지할 능력이 생기자, 비로소 그동안 보이지 않았던 배후에 늘 존재했던 무색투명한 액체가 인식되기 시작하였다. 이 존재를 보고 아는 것이 깨달음이고 견성이고 성령체험인 것이다. 그동안에 무수한 선각자들이 인생을 걸고 찾던 바로 그 존재가 이것임을 직감으로 알 수가 있었다.

인간에게 던지는 가장 어렵고 심오한 질문은 무얼까? 아마도 나는 누구인가, 세상은 무엇인가, 삶의 목적은 무엇이고, 우리는 어디서 와서 어디로 가는가. 이것은 인간에게 가장 어려운 문제일 것이다. 성인들은 이에 대한 답을 얻고, 이를 말씀으로 전하였고, 이 말씀을 글로 묶은 것이 경(성경, 불경, 유교 경전, 코란 등)이다. 이는 가장 위대하고 값진 인류의 보물이며 고귀한 가르침이다. 이를 경배하고 숭상한 수많은 사람이 깊은 신앙과 믿음으로 이를 배우고 읽히며 이 질문의 답을 찾아왔다. 그러면 우리는 이 해답을 찾았을까? 엄청난 정보가 쏟아지고, 이를 누구나 공유하고 활용할 수 있고, 과학의 발달로 편리한 삶을 누리며 살고 있지만, 아직도 이 명제에 대한 명쾌한 답을 얻지 못하고 있지 않은가? 이 난제들을 풀 수 있는 열쇠가

내 손에 쥐어졌다. 성현들이 통과한 '좁은 문'을 열 수 있는 열쇠다. 지극히 평범하고 내세울 것 하나 없이 살아온 내가 과연 이 문을 열 수 있을까?

깨달음을 체험하다

문은 쉽게 열리지 않았다. 눈을 남김없이 치웠다는 생각은 드는데 허공은 좀처럼 드러나지 않았다. 마치 태양을 엷은 구름이 가리고 있다는 느낌이 들었다.

오늘은 마지막 자리를 기필코 확인해 보고야 말겠다는 각오로 아침부터 끼니도 거른 체 명상에 집중하였다. 아침부터 꼼짝 않고 점심도 거른 채 앉아 있었다. 지하방에 조그만 환기창으로 비스듬히 비취는 엷은 햇살로 저녁임을 알 수 있었다.

인간은 태어나면서부터 주위 환경에 절대적 영향을 받는다. 온종일 코란의 독경 소리를 듣고 메카를 향해 예배드리는 환경에서 자란 이슬람교인이 기독교를 이해하고 믿기란 어려운 일이다. 그의 일생은 어릴 때 형성된 견고한 가치관과 관념 관습으로 세상을 분별하며 살아갈 것이다. 이것이 업(業: Karma)이다. 삶의 기억이 자기라는 정체성의 근간이 된다. 기억 속에는 대부분 그 당시에 느꼈던 감정이 묻어있다. 같은 부모 밑에서 자란 형제들도 과거에 함께 겪은 같은 상황에 대한 기억들이 서로 같지 않을 것이다. 이 감정이 묻어있는 기억의 내용은 자가 이외는 누구도 알지 못한다. 기억은 자기중심적으로 저장된다. 이러한 경험들이 누적되어 자기만의 관념과 관습이 형성된다. 이것을 없애버리고 높은 차원으로 영(靈)적인 상승을 하는 것이 깨달음이다. 이것이 기독교에서 자기가 지은 죄와 원죄를 참회와 회개를 통해 구원에 이르는 것이고, 불교에서는 거짓 나를 수행(독경, 염불, 참선 등)을 통해 벗어(해탈)나서 열반에 드는 것이다. 이는 물질의 변화가 아니라 의식의 변화이다.

우리의 의식은 뇌와 밀접하게 연결되어 있다. 의식을 한곳에 몰입하여 지속해서 명상을 하다 보면 외부로부터 오는 모든 자극이 차단되는 순간이 온다. 이때 뇌는 모든 감각의 인식이 멈춰지고 순수한 의식 상태에 이른다. 순수하고 명료한 알아차림만 남는다. 나란 정체성을 견고히 만든 과거의 기억과 그 속에서 일으킨 감정과 그것들이 누적되어 굳어진 관념을 쓸어버리고, 다음으로 욕망을 일으키는 원천인 몸이란 생각도 지우는 명상을 반복하자 마침내 '내가 없구나'가 확연히 인정되었다. 그다음 내가 없음을 보고 아는 의식과 의식이 담긴 허공마저도 계속해서 없애버리기를 반복하자 마침내 근본 자리가 너무도 선명하게 마음에서 인식되었다. 일체의 모든 생각이 사라진 순수한 알아차림의 명료한 의식과, 주체할 수 없는 엄청난 에너지가 끝없이 펼쳐진 무한한 허공을 빈틈없이 꽉 매우고 있고, 그 허공은 찬란한 빛으로 환하게 빛나며 허공과 빛이 하나로 영원히 살아있는 존재로 인식되었다. 이것이 본래부터 스스로 존재하는 모든 것의 근본이며, 세상은 모두 이것의 표상이며, '일체가 하나구나'(범아일

여: 梵我一如)를 이치로 알게 되었다.

이원성이 사라지면 하나인 근본 자리를 보게 된다. 이 근본 자리는 하나지만 2가지 요소로 구성되어 있다. 첫째는 순수한 알아차림의 의식과 둘째는 이 의식이 담겨있는 무한대의 허공이다. 우주의식이 무한대 허공이다. 즉 허공과 의식이 하나이다. 잠깐을 그 자리에 머물렀지만 체득한 느낌과 인지된 대상은 너무나 강렬하였다. 그 체험은 지금도 생생하여 평생, 아니 내세 생생 동안 못 잊을 것 같다.

생각 바꾸기

명상은 무언가를 배우고 익히는 공부가 아니다. 반대로 비워내는 공부다. 내가 한 훈련은 생각을 없애는 것이 전부였다. 특정한 자세나 호흡 방법도 필요 없었다. 계속해서 반복적으로 번뇌를 일으키는 원인인 산 삶의 기억들을 꼼꼼히 생각해서 남김없이 지웠다. 과거의 기억을 생각하면 기억 속에는 그 당시 먹었던 감정들이 고스란히 묻어있음을 알게 된다. 감정을 일으키는 근본 원인은 욕심이다. 욕심을 부리고 그것을 채우려 기쁨 슬픔 근심 걱정 시기 질투 원망 자존심 열등감의 온갖 감정들이 생겨난다. 이것들이 조건에 의해 반복적으로 반응하면서 마음의 꼴이 형성되는 것이다. 이것이 관념이고 굳어지면 관습이다. 생각을 지우면 감정도 없어진다.

IMF 외환 사태 때 겪은 기억들을 버리고 또 버리자 기억 속에 묻어있던 감정이 사라졌다. 그것은 실체가 없는 나의 기억 속에 현실을 덮고 있던 쓰레기였다. 이것들이 없어지면서 내 마음이 편해지고 건강해졌다. 이것은 명상하는 과정에서 얻는 보너스다. 명상의 목적은 보이지 않는 비물질 세계가 존재한다는 것을 아는 것이다. 이것을 보는 유일한 방법은 근본의식과 하나가 되어야 한다. 하나가 되기 위해서는 나란 생각이 없어야 한다.

성경에는 '하나님을 보는 자는 죽는다'라는 말이 있다. 하나님 본다는 것이 큰 영광이며 축복인데 오히려 죽는다니 무슨 뜻인가? 죽는다면 차라리 하나님을 보지 않는 것이 낫지 않을까? 이 말은 나란 생각을 없애야만 하나님을 볼 수 있다는 뜻이다.

사성제는 불교의 가장 근본이 되는 교리다. 고(苦), 집(集), 멸(滅), 도(道)라는 네 가지 진리로 구성되어 있다. 고통이 발생하는 원인이 집착과 욕망에 있다. 집착을 멈춤으로써 고통을 없애는 깨달음의 목표를 이룰 수 있다. 도(道)는 이러한 깨달음에 이르기 위한 수행법이다. 부처님도 명상으로 집착으로 생긴 괴로움을 없애서 깨달음을 얻으셨다.

그 후 명상을 반복하면서 처음보다 느낌은 약해졌지만, 근본의식의 존재는 점차로 맑고 또렷해졌다. 나는 깊은 잠에서 깨어났다. 내가 살고 있는 세상이 전부인 줄 알았는데, 이것을 있게 한 근본이 있음을 알게 되었다. 세상은 변하고 결국에는 사라진다. 그러나 이 존재는 영원불변하다. 이것이 진리이고 하나님이고 부처님이다. 이것이 나의 근본이고, 세상은 이것의 표상이며, 이 의식으로 보는 세상은 하나다. 모든 것들은 이곳에서 나오고 형태의 꼴을 부리다가 형태가 사라지면 이곳으로 돌아간다.

인류는 예로부터 인간을 초월한 절대자로서 우주를 창조하고 주재하며, 전지전능(全知全能)하고 영원하며, 우주와 만물을 섭리로써 다스리는 존재를 의인화(擬人化)하였다. 하나의 존재를 의미하는 하나님, 하늘을 뜻하는 하느님, 하나의 큰 의식이란 의미의 한얼님, 우리 민족은 천지신명, 기독교에서는 스스로 존재하는 자란 뜻의 여호와, 불교에서는 법신인 비로자나불, 이슬람에서는 알라라고 하였다.

우리는 이원성 세계에 살고 있다. 물질탄생의 시발점인 빅뱅이 일어나는 순간부터 물질 비물질의 이원성이 생긴다. 또한, 음양, 선악, 남녀, 정신, 등등은 우리가 사는 세상이 상대적임을 나타낸다. 이는 우주의 창조원리이자 법칙이다. 하나님은 이원성을 초월한 존재이며, 시간과 공간을 포함한 모든 일체의 원인이며 바탕이다. 하나님과 하나가 되면, 우리는 어디에서 왔는가? 우리는 무엇인가? 우리는 어디로 가는가?에 대한 올바른 답을 얻을 수 있다. 나의 존재 이유와 가치를 알면 하나님의 뜻대로 살게 된다. 이 세상에서 가장 힘든 것이 마음을 바꾸는 일이다. 어린 시절부터 조건에 반응하면서 형성된 자기라는 마음의 꼴은 다이아몬드 보다 단단하다. 이것이 에고(ego)다. 이것은 뭉치게 하는 힘이 욕심이다. 명상은 금강석보다 단단한 에고를 부수는 가장 탁월한 방법이다. 에고를 없애면 근본 마음이 드러난다. 근본마음으로 사는 세상이 천국이다.

색즉시공(色卽是空) 공즉시색(空卽是色)

숙제를 하고 나면 여유가 생긴다. 내가 푼 것이 정답인지 아닌지를 인정받은 모범답안지와 비교하는 일은 흥미롭고 즐겁다. 내가 고른 대표적인 모범답안지 중의 하나가 반야심경이다. 대표적인 글귀가 색즉시공(色卽是空) 공즉시색(空卽是色)이다. 아무리 수많은 해설서를 보고 수천 번을 읽고 외워도 깨달음이 없으면 바른 뜻을 알 수 없다. 비유컨대 사과에 대한 온갖 정보를 알고 있지만 정작 사과는 먹어보지 못한 거와 같다. 많은 사람은 많은 정보를 알고 있으면 그것을 잘 알고 있다고 착각한다.

외부로부터의 자극은 우리의 욕망을 일으키고 온갖 감정을 일으키는 원인이다. 의식은 외부로부터 오는 감각을 정보로 재구성하여 저장하는 기능과 내면으로부터는 관념화된 저장된 정보를 끌어내는 기능이 있다. 우리가 어떤 대상을 인식하는 과정은 대상을 눈, 코, 입, 귀, 몸의 5대 감각기관을 통해 들어온 정보를 뇌로 전달하여 정보를 해석하는 의식작용인 오온[색(色)·수(受)·상(想)·행(行)·식(識)]의 과정을 거친다. 깨달음이란 본심을 보고 아는 것이다. 본심을 인식하려면 외부대상이 감각기관으로 들어오는 통로를 차단하여야 한다. 이를 불교의 선종(禪宗)에서는 회광반조[回光返照:빛을 돌이켜 거꾸로 비춘다]라 하여 언어나 문자에 의존하지 않고 자기 마음속의 영성(靈性)을 직시함으로써 진실한 자신인 불성(佛性)을 발견하는 것을 의미한다.

반야심경을 쓰신 분의 논거를 큰 틀에서 보면 내가 명상을 통해 확인한 것과 같다. 즉 깊은 명상에 들어 마음인 오온(五蘊)의 작용을 멈추고 저장된 내용물을 버렸다. 그러자 모든 번뇌가 사라지고 깨달음[空]을 얻었다. 근본의식[空]에서 생각하니 인간마음[五蘊]은 모두 근본의식[空]의 작용이다. 또한 근본의식[空]이 세상[五蘊]을 창조했다. 비유컨대 흐린 하늘을 보면 구름만 보인다. 이것만 본 자들은 구름이 하늘이라고 믿고 우긴다. 구름은 하늘이란 바탕에서 조건에 의해서 생기고 사라지는 것이다. 구름이 걷히면 맑은 하늘이 드러난다. 하늘이 구름을 만들지만, 하늘은 실체가 없고 감각, 생각, 행동, 의식도 없으며, 생겨나지도 없어지지도 않으며, 더럽지도 깨끗하지도 않으며, 늘지도 줄지도 않고, 늙고 죽음도 늙고 죽음이 다함까지도 없다. 이 마음을 찾고 이 마음으로 살아가자. 구름을 걷어내고 하늘을 보자. 이것이 내가 해석한 반야심경 내용이다.

성현들의 말씀

이제야 숙제의 반을 풀었다. 내가 온 곳과 갈 곳을 알았다. 나머지 반은 '나는 누구이고 나의 존재 이유는 무엇인가'를 아는 것이다. 명상을 제대로 하면 에고는 실체가 없는 허상이라는 것을 알 수 있다. 그것은 하나의 정보 덩어리로 객관적으로 실체가 없다. 그 증거가 누구도 상대방의 마음을 볼 수도 알 수 없다는 것이다.

달마대사가 말했다. "그 불안한 마음을 가져오너라. 내 마땅히 편케 해주리라." "아무리 찾아도 마음을 찾을 수가 없습니다." "그렇지, 찾아지면 그것이 어찌 너의 마음이겠느냐."

선종의 제2대조 혜가대사와 스승인 달마대사와의 유명한 선문답이다. 이때가 일체의 번뇌·고뇌가 소멸된 상태[色即是空]에 이른다. 진정한 평안과 평화를 맛볼 수 있다. 다음으로 이 의식으로 눈을 뜨고 세상을 볼 때 '일체가 하나구나'를 깨쳐야 한다. 바로 공즉시색(空即是色)을 깨쳐야 완전한 깨달음을 얻는 것이다. 모든 것이 근본이 같음을 알고 나면 세상을 보는 관점이 에고 중심에서 전체의식으로 전환된다.

근본의식을 마음의 중심에 굳건히 두면서부터 고정관념, 관습, 선입견, 아집, 기준, 틀, 종교관념, 이데올로기, 성에서 벗어날 힘을 갖게 되었다. 마치 태고 적부터 쌓아 올린 거대한 허상의 회오리에서 벗어나 공중부양을 했다는 느낌이었다. 벗어나서 보면 잘 보인다. 욕망과 무지에 갇혀 우왕좌왕하면서 갈 곳을 모르고 헤매는 거대한 군중이 보인다. 그러나 회오리의 흡입력은 어마어마해서 조금만 방심하면 곧바로 빨려 들어간다. 하나인 이 마음을 어떻게 지키고 유지할까? 이를 안내하는 내비게이션이 성현들의 말씀이다. 성현들은 하나같이 '네가 싫어하는 것을 남에게 하지 마라' '네 이웃을 네 몸처럼 사랑하라' '남에게 대접을 받고 자 하는 대로 남을 대접하라'라고 말씀하셨다. 성현들은 사랑의 실천가(實踐家)들이었다. 에고의 개체수준의 사랑이 아니라 전체의식의 사랑이다. 이것이 하나님의 마음이다. 그래서 예수님도 부처님도 공자님도 표현은 다르지만 남을 배려하고 위하는 마음인 사랑을 최고의 가르침으로 삼았다. 사랑을 실천하는 방법으로 불교에는 팔정도와 육바라밀이 있고, 기독교에는 산상수훈이 있고, 유교에는 인의예지신이 있다.

나머지 숙제도 풀고 답을 모범 답안지와 대조하였다. 비로소 숙제의 부담감에서 벗어났다는 것이 인정되었다. 그럼 진정한 자유와 평화를 얻었을까? 고개가 끄덕여지지 않는 이유는 왜일까?

십우도

"정말 무사하셔야 하는데." 벌써 새벽 5시가 지나고 있었다. 어제 한밤중에 어머니께서 갑자기 배가 아프다고 하면서 쓰러지셨다. 119에 실려 간 집 근처 병원 응급실에서 다시 곧바로 엠블런스에 실려 대학병원 응급실에 오자마자 바로 수술실로 들어가셨다. 너무 갑자기 일어난 일이라 영문도 모른 채 6시간 넘게 수술실 앞에서 초조하게 결과를 기다리고 있었다. "조금만 늦었어도 큰일 날 뻔했습니다." "수술은 잘 되었으니까 크게 염려는 안 하셔도 될 것 같습니다." 의사께서 복부 동맥이 부풀어서 터지면 손을 쓸 수가 없는데, 다행히 그전에 수술로 조처를 하셨다고 하시면서 수술 경과를 알려 주셨다.

나는 그동안 단체에서 명상훈련을 안내하는 일을 하고 있었다. 회원들이 아침부터 저녁까지 오는 관계로 집안일은 소홀할 수밖에 없었다. 하루 2차례 허용되는 중환자실 면회 때도 뵙기가 어려웠다. 지난달에 아내가 다쳐 병원에 입원했을 때도 문병도 제대로 못가고 맘 편히 병간호를 하지도 못했다.

마음을 비우면 참과 허가 잘 구분된다. 특히 진리에 관해서는 더욱더 명확히 알게 된다. 명상을 안내하는 일이 지식을 전달하는 학습 방식과 구분되는 것은 의식이 바르고 깨어있지 않으면 바르게 안내할 수가 없다. 훈련의 통일성을 유지한다는 이유로 훈련매뉴얼이 제작되고, 이와 똑같이 안내하라는 교육이 시행되고, 지침을 어겼다고 제재를 가하는 분위기가 이어지면서 그만둘 생각을 하고 있었다. 매년 굳이 해외에서 실시하는 훈련프로그램에 참가하기 위해 봉사비 명목으로 받는 돈으로는 부족하여 빚까지 지고 있었다. 또한, 의식이 커지자 진리 자리에 형상을 대입하여 이를 신격화하는 것이 순리가 아님이 명확하게 인식되었다.

지인의 소개로 배송 일을 시작하였다. 나는 나 스스로 놀랄 만큼 많이 변했다. 아내가 가장 놀라고 반겼다. 편히 쉰다는 느낌이 들었다. 처음에는 친구나 친인척을 만나면 명상얘기를 꺼내곤 했지만, 그들에겐 나는 사업의 실패자로 현실도피자로 인식되어 있음을 알고 그만두었다.

십우도(Ten Bulls)는 선불교에서 깨달음에 이르는 참선 수행의 과정을 10개의 그림으로 나타낸 것이다. 나는 보따리를 메고 저잣거리로 나왔지만, 아무것도 할 수가 없었다. 세상은 인과로 돌아간다.

명문대를 나와 성공을 하고 명성을 누리다가 어떤 일이 계기가 돼서 마음에 관심을 갖게 됐다는 내용을 담은 책들을 많이 보게 된다. 사람들의 삶이 고단하고 힘든가 보다. 이럴 줄 알았으면 공부 열심히 하는 건데.

과학을 공부하다

다행히 단체와 관련 없는 책을 보는 것을 엄격히 금한 것이 마음을 비우는 데 도움이 되었다. 배송일은 육체적으로 힘은 들지만 일마무리가 확실한 것이 좋다. 오랜만에 소속감 없이 나만의 시간이 갖게 되면서 우선 종교단체에서는 어떻게 진리를 설명하는가가 궁금해서 관련 영상을 보기 시작하였다. 종교지도자들의 설교를 보면서 실망감을 금치 못했다. 그들은 속세에 머리 좋고 처세에 능한 학자에 불과하다는 생각이 들었다. 수많은 경의 구절을 인용하며 가보지도 못한 천국과 극락을 볼모로 현란한 설교와 생명 없는 의식으로 신도들을 기만하고 있었다. 진정한 믿음은 예수님 부처님 마음과 하나가 되는 것이다. 그러기 위해서는 무엇보다도 진리를 체득해야 한다. 성령체험과 견성이 어떤 것인가? 그것이 예수님 부처님의 마음 상태이다. 영성 지도자는 이 의식으로 깨어 있을 때 신도들을 예수님 부처님 마음으로 삶을 살 수 있게 이끌고 도와줄 수가 있다. 화려하게 교회나 절을 치장하면서, 경을 달달 외우고, 밤낮없이 기도하고, 수만 번 절을 하고, 성지순례를 수만 번 다녀와도 이웃은커녕 가족도 사랑

못 하고, 번뇌가 끊이질 않고, 욕망으로 가득 찬 괴로운 삶을 살고 있으면 종교가 무슨 소용이 있단 말인가?

종교는 바로 패스하고 다음으로 열풍이 불고 있는 인문학을 알아보았다. 이제 인류는 창의적 기술 없이는 생존하기 어려운 4차 혁명 시대를 맞이하고 있다. 이에 대한 대안으로 주목받고 있는 것이 인문학이다. 인문학은 인간에 대한 학문이며 지금까지 역사를 통해 인류가 겪은 수많은 경험과 교훈이 축적된 결과물이다. 이를 배우고 익힘으로써 스스로 생각하는 능력을 배양하여 창조력을 기르고, 인간이 가장 인간답게 사는 것이 어떤 것인가를 알고, 더 많은 사람이 인간답게 살도록 하는 방안은 구하고, 더 나아가 인간의 존엄과 윤리에 대한 교육과 이에 대한 명료한 실행방법을 찾기 위한 학문이다. 그러나 인문학을 공부하는 목적도 물질적으로 풍요로운 삶을 살기 위한 수단으로, 자기들만의 기득권과 배타성을 확보하여 안정적인 부를 축적하고, 이를 대물림 위한 수단으로 타락하고 있다. 전문가들이 인문학적인 수많은 이론과 실천방법을 제시하지만, 근본적인 대안이 되지 못하는 이유는 간단하다. 이 모든 것을 있게 한 최초의 원인에 대해 무지하기 때문이다.

다음으로 관심을 가진 분야가 과학이었다. 과학은 절대적이고 보편적이며 불변하는 진리를 찾기 위한 인류의 탐험에 가장 신뢰받는 분야로 종교, 인종, 지역, 성별의 구분이 없는 거의 유일한 분야다. 실험과 관찰이라는 진리를 검증하고 확인하는 강력한 수단과 방법으로 전폭적인 지지를 받고 있다. 형이상학 분야인 근본의식을 과학적으로 검증하고 설명할 수만 있다면 인류를 가르는 많은 장벽을 걷어 버릴 수 있지 않을까? 문과 출신인 나는 주말마다 도서관에서 과학 관련 책들을 빌려 보면서 머리를 긁적였다. 어휴! 과학은 어렵다.

천부경을 만나다

이런 의도로 유료로 진행하는 교육과정에 주말마다 참석하기도 하고, 관련 동영상을 보면서 과학에 흥미를 갖게 되었다. 그러던 중에 주말마다 신촌에서 진행하는 인문학 강의에 갔다가 천부경을 알게 되었다. 81자의 쉬운 한자로 구성된 짧은 글인데도 불구하고 강연자의 해박한 설명으로 천부경이 대단한 글임을 알게 되었다. 그 후 대학 시절 어렵다고 읽다 만 책 중에 천부경이 있음을 알게 되면서 인터넷에 올라온 관련 동영상 자료들을 보기 시작했다. 수많은 해설자가 후대에 정립된 동양철학인 삼태극 사상 음양오행론 주역에 기반을 두고 설명하는 것을 보고 의아한 생각이 들었다. 이것은 본말이 전도된 것이다. 마치 원전을 나중에 나온 다양한 해설서의 이론으로 해석하는 격이었다. 천부경은 거의 만 년 전에 쓴 글이라고 하는데 해석한 내용이 너무 어렵고 복잡하여, '그 당시의 사람들에게 과연 이런 뜻으로 강연했을까?'라는 의구심이 들었다.

또한, 지나치리만큼 한민족의 우수성을 내세우며 모든 문명의 기원이라는 등의 국수주의 주장이 오히려 글의 가치를 폄하시키고 있다는 느낌이 들었다.

천부경의 총 81자 중 숫자가 31자로 비중이 매우 높다. 숫자와 가장 관련이 깊은 학문은 과학이다. 숫자를 사용하여 글을 쓴 의도는 전달하고자 하는 내용이 오류나 과장 없이 온전히 전달되기를 바라고 쓰셨기 때문이 아닐까?

나는 그동안 보고 들은 해석내용들을 철저히 배제하고 오직 원문과 한자 뜻만을 생각하고 반복해서 머릿속으로 글을 읽기 시작했다. 이것은 명상으로 의식을 집중하여 직관력으로 의문을 푸는 탁월한 방법이다. 배송 일 대부분은 운전하는 일이다. 나는 운전하는 시간에 머릿속으로 천부경의 글자 하나하나의 의미를 풀기 시작했다. 몇 개월이 지나자 마치 엉킨 실타래가 풀리듯 글자 하나하나의 의미가 정리되기 시작했다. 다음은 문장과 문단으로 묶어 풀어나갔다. 글의 전체적인 의미가 유기적으로 연결되기 시작하였다. 해석한 의미를 여러 각도에서 다른 관점으로 풀기를 계속했다.

글의 의미가 명확히 풀릴수록 천부경에 점점 빠져들었다. 만여년 전에 어떻게 모든 세상의 이치를 이 짧은 글에 모두 담았을까? 이 비밀을 풀기 위해서는 우선 본심을 깨쳐 알아야 하고 그다음 본심의 의식으로 집중하여 몰입해야만 가능하다는 판단이 들었다. 과연 나는 하늘의 뜻이 담겨있는 엄청난 이 글을 풀 수 있을까? 마치 누구도 들어간 적 없는 비밀의 화원 문을 여는 열쇠를 쥐고 있다는 생각이 들었다. 마음이 흥분되고 벅차 왔다.

2부

진리의 정체

2부. 진리의 정체

진리란 무엇인가

진리란 무엇인가? 사전적 의미로는 '참된 이치' 정도가 되는데, 이처럼 막연한 의미의 답을 얘기 하는것이 아니다. 진리는 절대적이고, 보편적이며, 불변함의 속성을 모두 만족시켜야 한다. 먼저 '절대성'이라는 속성은 아무런 제약이나 조건이 붙지 아니함을 의미한다. 두 번째로 '보편성'이란 모든 것에 두루 적용되는 공통적인 것을 의미하는데, 즉 진리는 그것이 무엇이 되었든 반드시 보편적이어야 한다. 마지막으로 '불변성'의 속성도 마찬가지다. 불변한다는 것은 모양이나 성질이 변하지 않는 것을 의미한다. 인류는 역사 전체를 통틀어서 진리를 찾아왔다. 종교, 예술, 철학, 과학 분야에서 이 속성들을 만족시킬 무엇인가를 찾아내려고 애써왔다. 이 모든 속성을 가진 실체가 이 우주에 존재하는가? 철학적 관점에서 세상에 존재하는 것을 형상이 있는 것(형이하학)과 형상이 없는 것(형이상학)으로 구분할 때 형이하학은 진리에서 배제된다. 이유는 간단하다. 형상으로 존재하는 것은 영원할 수가 없다. 과학자들에 의하면 지구는 물론 태양도 우주도 언젠가는 사라진다고 한다. 다음은 세상의 근본 원리를 다루는 형이상학에서 진리의 존재를 찾아보자. 하나님, 부처님, 진선미, 이성, 이데아 등은 진리를 나타내는 관념화된 언어로 진리자체는 아니다. 예를 들어 예수께서 '사랑'을 진리라고 말씀하셔도 이를 받아들이는 이들은 말씀의 본뜻이 아니라 자기의 관념화된 언어로 이해할 수밖에 없다. 그래서 불립문자(不立文字) 언어도단(言語道斷)이란 용어가 생겨난 것이다. 그런 언어를 발현케 한 의식이 인지 한 대상, 즉 깨어 있는 상태에서 인식한 존재가 바로 진리이다.

의식을 한곳에 몰입하여 지속해서 명상을 하다 보면 외부로부터 오는 모든 자극이 차단되는 순간이 온다. 이때 뇌는 모든 감각의 인식이 멈춰지고 순수한 의식 상태에 이른다. 순수하고 명료한 알아차림만 남는다. 이 강렬한 체험 중에 '일체가 하나구나'(범아일여: 梵我一如)를 이치로 알게 된다. 이것이 깨달음이다. 이원성이 사라지고 하나인 근본 자리를 보게 된다. 명상을 통해 순식간에 순수한 의식만 남게 된다는 것이다. 마음에서 내용이 다 사라져 버린 것이다. 내용이 무엇인가? 생각 언어 감각이다. 생각 언어 감각이 다 사라져 버리고 순수한 의식상태만 남는 것이다. 공간이 사라지고 시간도 사라지고 천지가 사라지고 나도 없어져 버리는 것이다. 이것이 천지합일(天地合一)의 경지이며, 만물일여(萬物一如)가 체험되는 순간이다. 이것이 혼연일체(渾然一體)다. 무아(無我)의 경지이다. 나와 남을 구분하던 벽이 사라지고 나를 우주로부터 분리했던 경계가 지워지고 나면 자신은 우주 전체와 하나가 된다. 내가 우주요, 우주가 곧 나라는 것을 확실하게 자각할 수 있다. 깨달음은 오직 체득으로만 알 수 있는 주관적인 영역이다. 조금이라도 마음에서 자명하지 않고 인정하지 않으면 깨침이 아니다.

이것을 기독교에서는 성령(聖靈: 성스러운 영)이라 하고, 불가에선 공적영지(空寂靈智), 진공묘유(眞空妙有)라 하여 텅 빈 허공과 신령하고 묘한 알아차림의 상태로 설명한다. 순수한 의식이 스스로가 무한한 허공임을 인식한다. 이것이 본래부터 스스로 존재하는 절대적이고, 보편적이며, 불변함의 속성을 모두 지닌 진리이다.

진리란 경계가 없는 극미의 에너지인 순수의식이다. 즉 이원성이 사라진 하나의 근본 자리이다. 이것이 나의 깨달음에 대한 체험담이며 진리에 대한 가장 심플한 설명이다.

순수의식

일체 생각이 사라진 의식 상태에서만 순수의식을 인식하게 된다. 일반적으로 의식은 나와 대상을 구분하지만, 진리는 이 경계가 사라져야 비로소 확인할 수가 있다. 진리의 존재를 확인하는 것은 주관적인 체험의 영역이라 이를 마음으로 인정하는 것도 내면에서 의식의 자명함과 확신이다. '지금 이것이 진리인가?' 스스로 자문하면 답을 얻을 수가 있다. 다만 티끌만치도 의심스러운 생각이 들면 아직 아니다. 기준은 '내가 일체 없구나'가 인정되는 정도이다. 자기를 내세운 종교적 체험이나 신앙고백을 영적인 권능으로 포장하는 것은 진리를 왜곡한 것이다.

진리를 인식하는 경위와 이치를 뇌 과학에서 밝히고 있다. 몸이란 조건이 있기에 명상을 할 수가 있지만, 진리를 보려면 일체의 인식 도구가 한순간 정지되어야 한다. 이유는 진리를 보고 알려면 진리와 이를 인식하는 의식이 완전히 하나가 되어야 하기 때문이다.

측정수단이나 감지 방법이 없다면 의식의 실체를 과학적으로 입증하기는 어렵다. 뇌파검사는 의식이 에너지로 측정될 수 있음을 나타낸다. 뇌파(腦波: brainwave)는 신경계에서 뇌 신경 사이에 신호가 전달될 때 생기는 전기의 흐름이다. 심신의 상태에 따라 각각 다르게 나타나며 뇌의 활동 상황을 측정하는 가장 중요한 지표이다. 뇌는 뉴런이라 불리는 천억 개에 이르는 신경세포로 구성되어 있다. 뉴런들은 서로의 정보를 교환하며 소통하는데 이때 미세한 전류가 흐르고, 그 전류의 파동을 뇌파라고 한다. 무엇을 느끼고 생각하는지에 따라 뇌파가 바뀌고 반대로 뇌파에 따라 어떻게 느끼고 생각하는지도 달라진다. 가장 낮은 뇌파는 우리가 깊이 잠들어 있을 때이고, 뇌파가 높아질수록 생각과 감정의 동요로 우리는 흥분과 긴장 상태에 빠지게 된다. 그런데도 그 내용은 알 수가 없다. 어떤 수단을 통해서도 남의 마음을 엿볼 수가 없다. 뇌파를 통해 그 사람이 무엇을 생각하고 있는지는 알아낼 수는 없다.

뇌 과학자인 앤드류 뉴버그는 티베트의 승려, 수녀 등 명상하는 사람들의 뇌를 오랫동안 촬영하고 그 결과를 발표했다. 그는 명상상태일 때 뇌의 부위들이 어떻게 동작하는지를 이야기 하였다. 전두엽은 명상하는 동안 오프라인 상태가 됩니다. 여기서 중요한 것이 오프라인 상태라고 해서 자극이 없는 것이 아니고 내부에서 생성된 의도성이 강력한 동작을 하고 있는 겁니다. 바깥의 자극은 일단 차단하고 촛불이나 화두에 몰입하는 겁니다. 몰입 의도를 만들어 내는 것이 주의연합영역이고, 주의연합영역 활동은 전두엽에서 일어나는 것이다. 외부의 자극과는 관계없이 내부에서 생성된 의도를 가지고 진행되고 있습니다. 그것을 받아서 두정엽에서는 어떻게 되느냐? 두정엽에서는 초월 상태일 때 자극이 들어가는 신경 활동이 점점 줄어듭니다. 말 그대로 졸아드는 겁니다. 자료에 따르면 100분의 1초 만에 수입로가 완전히 차단되어 버립니다. 초월상태에서 문턱 값을 넘어가는 순간 좌뇌, 우뇌의 두정엽으로 들어가는 모든 자극이 멈춰버리는 겁니다. 그러면 의식의 내용이 사라지고 의식의 상태만 또렷해집니다. 초월적 일체감의 상태가 되는 겁니다. 나란 정보는 사라지고 순수한 각성 상태로 알아차림의 순수의식 자체만 남는 것이다. 초월적 명상

상태를 겪은 선각자들이 공통으로 느꼈다는 체험은 '천지와 내가 하나가 되었다' 앤듀류 뉴버그는 이를 일컬어 "초월적 일체감"이라고 표현한다. 공간이 사라지고 시간도 사라지고 천지가 사라지고 나도 없어져 버리는 것이다.

천지에 아무것도 없는 막막한 상태가 되어 버리는 겁니다. 경계도 대상도 없어지고 나도 없어진 겁니다. 안팎의 모든 것이 사라지고 뇌 과학적으로 말하면 마음에서 생각이 사라지고 언어가 사라지고 감각이 제거된 것이다. 그러면 무엇이 남느냐? 순수한 의식상태만 남는다. 여기서 중요한 귀결이 자아가 없어져도 인식할 수 있다는 것이다. 이때 비로소 나의 참모습이 드러난다. 육신이 겪는 감각과 이로 인해 생긴 개체의식이 나라는 생각을 만들었을 뿐, 나와 너의 분리는 감각의 속임수다. 일체는 하나다.

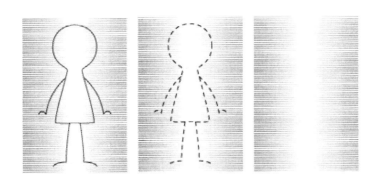

순수의식

허공의 정체

순수의식에서 인식되는 허공은 경계가 없다. 인식되는 무한대의 허공은 아무것도 없는 것이 아니라 에너지로 꽉 차 있다.

에너지란 객관적 실체로 과학으로 존재의 설명이 가능하다. 현대는 과학이 종교나 철학 인문보다도 신뢰받고 있다. 각 종교의 최고 지도자들이 만나서 화합의 제스처를 하지만 교리의 공통점을 공유하기는 어려울 것이다. 인문학에서도 어떤 주제에 관해서 합의된 이론을 돌출하기란 매우 어렵다고 생각한다. 그러나 과학은 전 세계 어디에서든 상관없이 검증된 합의가 가능하다. 병원에서 발부한 진단서는 아프리카에서도 심지어는 북한에서도 통용된다.

우리는 세상과 5감이란 인식 도구로 소통한다. 우리의 감각기관은 매우 제한적인 부분만 인식할 수가 있다. 무언가를 인식하려면 인식대상과 인식 도구 의식의 3요소가 작동해야 한다. 장애가 있으면 그 분야의 세상은 사라진다. 따라서 그것을 증폭 확대하는 도구의 발명이 없었다면 우리가 보고 아는 세상은 제한적일 수밖에 없을 것이다. 망원경으론 우주의 태초 시점을 알아내고, 현미경으론 물질을 구성하는 분자, 원자, 쿼크의 존재도 알아냈다. 세균과 박테리아 바이러스의 존재를 확인하면서 의술은 비약적으로 발달하였다. 라디오, 텔레비전, 휴대폰은 전파에 대한 메커니즘을 사용한 기기이다. 수조 원의 자본이 투입된 유럽의 강입자가속기도 미시의 세계를 인식하기 위한 도구이다.

몇 년 전에 우주에 관한 다큐멘터리를 본 적이 있다. 해안가 백사장에 미모의 여과학자가 한줌의 모래를 움켜쥐면서 말한다.

　"우주가 시작된 빅뱅부터 우리가 현재 사는 세상이 되기까지 우주에서 일어난 모든 사건을 지구상에 있는 모래의 숫자라고 가정할 때, 이 한 줌의 모래만큼이라도 없다면 지금의 세상은 존재할 수가 없습니다."

　과학이 밝힌 우주의 탄생부터 지금까지 생성조건은 상상을 넘어 황당하다는 생각이 들 정도이다. 지구상에 모든 모래의 양에서 한 줌만 없애도 성립이 안 되는 생성조건이란 어떤 것일까?

　빅뱅이론이란 우주가 어떤 한 점에서부터 탄생한 후 지금까지 팽창하여 오늘의 우주에 이르렀다는 이론이다. 플랑크시간은 빅뱅 이후 10^{-43}초 정도가 지난 시점이다. 10^{-43}초란, 1억 곱하기 1억 곱하기 1억 곱하기 1억 곱하기 1억 곱하기 1,000이라는 어마어마한 숫자로 1을 나눈, 상상초월의 작은 숫자이다. 빅뱅 10의 -43승 초 후에 우주의 온도는 10^{32} 도씨였고, 태초의 우주는 10^{-34} cm의 크기에서 태어났다고 한다.

　현대 물리학에서는 물질의 근원을 입자에서 찾으려 애쓰고 있다. 소립자[작은 입자라는 뜻의 소립자(小粒子)가 아니라 쪼개지지 않는 입자라는 뜻의 소립자(素粒子)이다]를 관찰, 측정하려고 천문학적인 비용을 들여 어마어마한 규모의 입자가속기를 운영하고 있다. 분자, 원자, 쿼크로 물질을 계속 쪼개어 물질의 궁극에 입자를 찾고 있다.

여기서 물리학자들이 알아낸 사실은 원자핵의 주위를 도는 전자들의 운동은 궤도운동을 하는 것이 아니라 원자핵 주위의 광대한 허공을 구름처럼 감싸고 있다는 것이다. 원자는 단단한 알갱이 같은 것이 아니라 대부분이 전자의 구름층으로 되어 있다. 원자의 크기는 수 백만분의 1mm에 불과하며, 원자핵의 부피는 수백억분의 $1mm^3$에 지나지 않는다. 즉, 원자핵은 원자 크기에 1만분 1에 지나지 않으며 나머지 1만 분의 9천9백99는 물체가 아니라 전자들이 돌고 있는 허공인 셈이다. 전자가 돌면서 만들고 있는 공간은 텅 비었으면서도 1백억분의 1mm 크기의 다른 입자 하나도 침입할 수 없는 철벽같이 단단한 공간이다. 텅 비어 있으면서도 어떤 것도 들어갈 수 없는 공간이 바로 물질의 기본입자들인 것이다. 이러한 입자들이 뭉쳐서 이루어진 모든 물질과 그들의 결합체인 물체들로 우주는 '꽉 차 있는 허공'인 셈이다.

물리학자들은 더 내려갈 수 없는 최저 온도인 절대온도 0도(-273℃)의 진공조차도 아무것도 없는 제로 상태가 아니라 뭔가로 꽉 차 있다는 기이한 사실을 발견했다. '진공'에는 아무것도 없어야 하는데 그곳은 여전히 매우 짧은 찰나에 생멸을 반복하는 입자-반입자의 쌍들로 꽉 차 있고 이론상 절대온도 0도에서는 입자마저 얼어붙어서 움직이지 않아야 하는데 실제로는 무한히 빠른 미세한 움직임이 여전히 남아있다는 것이다. 영점장으로 명명된 이것이 온 우주의 배경공간을 이루고 있다. 이 영점 에너지가 바로 물질우주를 빚어

내는 근본 질료인 셈이다.

1948년 네덜란드 물리학자 헨드릭 카시미르와 드릭 폴더가 연구한 카시미르효과는 진공은 텅 빈 곳이 아니며 우리가 알지 못하는 입자들로 가득 차 있음을 의미한다. 진공은 빛보다 작은 미지의 힘과 입자가 존재한다는 사실이다. 즉, 아직 정확한 실체가 밝혀지지 않은 진공에너지(질량)가 분명히 있다라는 것이다. 이것은 진공에는 빛보다 작은 미지의 입자가 진동하고 있는 것이다. 즉, 우주를 구성하고 있는 진정한 기본입자는 진공에너지이면서 공간의 양자화된 입자인 수축(+)과 팽창(-)의 진동하는 공간양자(空間量子, space quantum)임을 알 수 있다.

이것은 진공은 텅 빈 곳이 아니며 우리가 알지 못하는 입자들로 가득 차 있음을 시사한다. 따라서 진공에는 빛보다 작은 미지의 힘과 입자가 존재한다는 사실이다. 즉, 아직 정확한 실체가 밝혀지지 않은 진공에너지(질량)가 분명히 있다라는 것이다. 이것은 진공에는 빛보다 작은 미지의 입자가 진동하고 있는 것이다.

양자이론에 의하면 물질은 고정된 입자로 구성된 것이 아니라 진동하는 에너지의 중복결합으로 드러난 것으로 설명하고 있다. 외부에 나와 분리되어 존재하는 꽃이나 나무, 식물과 동물들이 고정된 것으로 보이지만 실제론 미립에너지들의 끝없는 파동 움직임의 연속체로 이루어져 있다는 것이다. 최근에 물리학에서 주목을 받고 있는 '초끈이론'에서도 바이올린의 현이 진동 방식에 따라 여러 가지 음색을 내는 것처럼, 빛보다 작은 끈 형태의 미립자가 진동의 차이에 의해 여러 종류의 소립자로 보인다고 생각하는 것이다. 이러한 끈의 진동력과 진동형태가 질량과 에너지로 바뀌어 물질로서 세상에 모습을 드러낸다는 말이다.

이는 허공이 아무것도 없는 비어있는 존재가 아니라 극미한 소립자로 꽉 찬 무한의 에너지 체인 것이다. 진리인 근본의식이 자신을 스스로를 확인하면 허공으로 인지된다. 허공은 극미의 에너지로 꽉 찬 무한대 장(field)이다. 진리는 과학이 밝힌 모든 영역을 포괄하고 초월한 존재이다. 과학이 밝힌 시간, 공간, 온도, 크기의 탄생과 변화는 허공에 꽉 찬 에너지에 의해서 이루어진 결과다. 에너지를 변화시키는 것이 근본의식인 진리이다. 의식이 상념을 품고 뜻을 펼치자 극미의 에너지가 진동하여 양극으로 나뉘고, 양극에 엄청난 에너지가 모이고 모여 임계치를 넘자, 마치 허공에서 번개 치듯이 순간에 폭발하며 에너지가 현상계에 형태로 드러난다. '펑' 빅뱅의 시작이다.

우주의 탄생

1920년대에 미국의 천문학자인 에드윈 허블은 지구로부터 가장 멀리 있는 은하들이 점점 멀어져간다는 사실을 발견했다. 이는 우주가 팽창하고 있는 것이고, 현재도 팽창한다면 머나먼 과거 어느 시점은 엄청나게 작았을 것이며, 이것이 137억 년 전 작은 점이 폭발해서 우주가 시작되었다고 하는 빅뱅이론의 탄생배경이다. 이 이론은 처음엔 회의적이었지만, 1964년 빅뱅의 직접적인 증거가 발견된다. 빅뱅 당시 우주를 가득 채운 폭발의 열기를 관측한 것인데 이것을 '우주배경복사'라고 부른다. 우주 공간이 아주 작을 때 뜨거운 열기로 가득 차 있었는데, 공간이 팽창하면서 그 열가가 식어 관측되는 것이라는 설명이다. 빅뱅이론은 우주배경복사 덕분에 드디어 과학자들에게 인정을 받게 되었다. 우주가 팽창하면서 우주 온도는 내려갔고, 우주가 식으면서 에너지의 네 가지 주요 형태가 생겨났는데, 이것을 '네 가지 기본 힘'이라고 부른다. 첫 번째 힘은 중력으로, 뉴턴이 밝혀낸 힘이다. 그리고 전자기력이 출현했다. 전지기력은 양전하와 음전하를 가진다. 그리고 세 번째와 네 번째가 있는데, 그것은 강력과 약력이다. 이 힘들은 미세한 거리에 작용하는 것으로, 원자 안에서 핵의 중심을 묶는 힘이다.

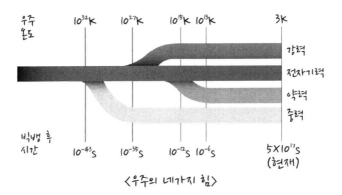

네 가지 기본 힘

팽창 시 생긴 에너지(의 일부)가 응결되어 최초의 물질이 나타난다. 물질은 우주의 재료로, 우주의 기본적인 구성 원료이다. 물질의 최초 형태를 쿼크(quark)로 세 개가 한 세트가 되어 양성자(proton)와 중성자(neutron)을 구성한다. 양성자와 중성자가 만들어지고 곧이어 전자가 나타나고, 고온과 고밀도의 플라즈마 상태의 우주가 끝나고, 우주 온도가 떨어지자 양성자와 전자의 전하들이 결합하여 전기적으로 중성자인 원자가 형성되기 시작하였다. 최초에 우주에 형성된 우주의 구성 물질은 하나의 양성자를 가진 수소가 75%를 차지했고, 나머지 25%의 대부분은 2개의 양성자를 가진 헬륨이 차지했다. 최초의 별의 탄생은 물질의 분포가 균질적이지 않은 상태에서 중력이 이 차이에 작용하기 시작했고, 아주 온도가 조금 더 높고 아주 조금 밀도가 높은 부분에서 중력이 약간 강해졌다. 이 부분이 응집됨에 따라, 이 부분의 밀도가 높아졌고 중력의 힘이 증가하게 되었으며 더욱더 응집하게 되었으며 이러한 현상이 빠르게 진행되었고, 원자로 구성된 구름의 중심에서 원자가 매우 격렬하게 부딪치기 시작했고, 특히 원자들이 가장 많이 모여 있는 곳인 중심에서 원자들이 열을 내기 시작했다. 이 상태에서 양성자들은 서로 격렬하게 부딪치기 시작하여 양전하끼리 반발하는 척력을 압도하고 서로 융합되었으며, 강력에 의해 결합되었다. 마침내 전혀 새로운 것, 별들이 만들어지기 시작했다. 우주의 복잡성은 증가하였다. 단순한 물질에서 별로, 별의 수준에서 은하의 수준으로, 그리고 초은하단의 수준으로,

별들은 여러 다른 규모로 새로운 형태의 우주로 발전하였다. 화학원소는 매우 큰 별이 폭발할 때 생겨난다. 이렇게 폭발하는 별을 초신성(supernova)이라고 부른다. 탄소는 6개의 양성자를 가지고 있고, 철은 26개의 양성자를 가지고 있다. 이러한 물질이 생성되려면 30억 도와 같은 높은 온도가 필요하다. 대부분 별들은 수소 핵을 융합시켜 헬륨 핵으로 만들면서 대부분을 보내다가 수소를 모두 태워버리고, 헬륨을 태우고, 별은 계속 수축하고 온도는 계속 올라가서 탄소를 태우고, 산소를 태우고, 규소를 태우고, 마침내 별의 중심이 철로 가득하게 되면, 융합은 더는 진행되지 않는다. 중력이 우위를 차지하게 되고 별 전체를 붕괴시킨다. 붕괴하여 폭발하면 어마어마하게 높은 온도로 올라가게 된다. 이 항성 폭발을 초신성이라고 부른다. 폭발 이후 몇 초 동안 원소 주기율표의 모든 원소가 초신성의 폭발로 생성된다. 생성된 모든 원소는 별의 주변 공간에 퍼지게 된다. 우주가 시작될 때 수소와 헬륨만 있었지만 10억 개의 초신성이 터지면서 마침내 모든 원소가 생성되었다.

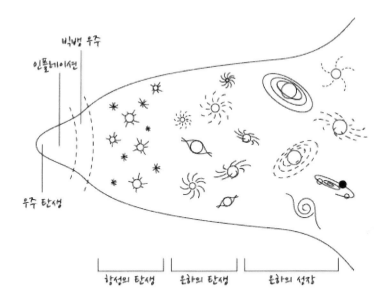

빅뱅
인플레이션
우주 탄생
항성의 탄생 ・ 은하의 탄생 ・ 은하의 성장

빅 뱅

폭발하는 별에 의해 만들어진 분자들이 새로운 별들 근처의 우주 공간에서 떠돌면서, 서로 부딪히면서, 화학작용, 중력과 전기력을 통해 운석, 소행성, 행성을 만들어 낸다. 지구를 살펴보면 지구의 90%가 철, 산소, 규소, 마그네슘, 그리고 다른 원소로 구성되어 있다. 그렇다면 어떻게 원소들이 이처럼 모여서 행성과 물체를 만들었을까? 원자들이 서로 결합했을 때, 이를 분자라고 부른다. 각 분자는 나름대로 특징을 가지고 있으며, 이 특징은 분자를 형성하는 원소들과는 매우 다르다. 예를 들면 수소와 산소는 둘 다 기체이지만, 이들이 결합하면 물(H2O)을 만들고, 이 물은 수소와 산소와는 전혀 다른 특성을 갖는다. 분자 사이에 엄청나게 다양한 결합 형태는 다양한 물질들을 만들어 풍부한 우주를 형성한다.

우리의 태양은 다른 별들과 같이 중력의 압력으로 물질의 구름(성운)이 붕괴되면서 형성되었다. 초신성의 폭발로 만들어진 새로운 물질들이 구름에 뿌려지고, 이 구름이 붕괴되면서, 구름은 팽글팽글 도는 피자 반죽처럼 돌기 시작하고 천천히 납작해지고 원반을 형성하게 된다. 우리의 태양계를 형성한 원시 행성계 원반은 중앙에서 붕괴되기 시작함에 따라, 원시 행성계 원반은 더 뜨거워지고 더 뜨거워져 마침내 핵융합이 시작되어 태양이 형성되었다. 원시 행성계 원반의 모든 물질 중에서 99%가 태양으로 들어가고 나머지 1%가 태양계 나머지를 이루게 되었다. 놀랍게도 이 매우 적은 여분이 태양계의 나머지를 형성하게 되었다. 젊은 태양의 강렬한 열은 태양계의 중심부에서 기체물질을 멀리 몰아냈다. 이 기체들이 태양계 외부에서 응축되어 목성, 토성, 천왕성, 해왕성이 만들어졌다. 매우 적은 여분의 물질이 지구를 포함한 태양계 중심부의 암석 행성을 만들어 냈다.

이들은 기체가 적은 다소 단단한 소재로, 매우 적은 티끌이 정전기력 혹은 충돌을 통해 결합해서 작은 암석 행성을 만들고, 이것이 점점 커져서 중력의 끌어당기는 힘으로 궤도 안에 있는 것들을 모아서 암석 행성이 생성되었다. 암석 행성은 복잡한 내부구조를 가지게 되었고, 화학적으로 다양한 물질을 보유하게 되었다. 복잡한 이 과정을 응축이라고 부른다. 이것은 극도로 격렬한 과정이다. 이러한 기간과 과정을 통해 우리의 태양계가 형성되었다.

지구의 형성

지구는 45억 년 전에 형성되었다고 한다. 초기 지구는 격렬한 융합과정과 운석이나 소행성과의 충돌로 엄청난 양의 열이 생성되었고, 융합이 더욱 크게 되면서 압력이 상승하고, 특히 중심부의 열이 더 올라갔다. 초기 지구는 너무 뜨거워서 녹아내렸다. 이러한 작용으로 오늘날의 단층구조가 만들어졌다.

첫 번째로 중심부인 지구의 핵은 금속으로, 니켈과 철이 중심에 가라앉았다. 이것으로 지구는 자기장을 가지게 되었고, 이 자기장은 지구 외부의 해로운 외부광선을 굴절시키는 작용으로 생명체를 보호한다. 두 번째는 보다 가벼운 재료인 암석이 핵 위에서 떠다니면서 맨틀이라고 부르는 단층을 형성한다. 이 암석은 너무 뜨거워서 어느 정도 녹아 있으며, 맨틀 속의 대류를 따라 움직인다. 세 번째는 지구의 가장 상부를 지각이라고 부르는데 현무암, 화강암과 같은 가벼운 암석들이 지각의 얇은 단층을 이루고 있다. 마지막 단층은 대기이다. 많은 기체는 지구 중력의 끄는 힘으로 인해 지구 주위에 달라붙어 있다. 이것이 지구가 오늘날 구조를 갖게 된 과정이다.

20세기 초에 알프레드 베게너라는 독일 운석 학자가 주창한 판구조론은 지구가 어떻게 움직이고 있는지에 대해 많은 것을 설명한다. 왜 태평양의 주위를 돌며 화산과 지진의 둥근 고리가 있는지, 어떻게 산맥이 생성되었는지도 설명할 수 있게 되었다.

생명의 탄생

생명이란 무엇인가? 지구라는 별에서 어떻게 이 복잡한 생명체가 출현하게 되었을까? 지난 38억 년 동안 간단한 원핵생물에서 매우 복잡한 포유동물에 이르기까지 어떻게 변화해왔는지, 이러한 물음에 과학자들은 다음과 같이 설명하고 있다. 우선 지구는 매우 다양한 원소들을 가지고 있으며, 무엇보다도 암석행성이 유기체 생명에 필요한 원소들을 가지고 있기 때문이다. 지구는 태양이라는 별에서 에너지를 얻고 있지만, 만약 너무 많은 에너지가 있다면 복잡한 분자들이 터져버려 손상된다. 에너지가 너무 적으면 원자들이 결합하는 데 에너지를 사용할 수 없게 된다.

지구는 완벽한 조건을 가지고 있다. 또한, 지구는 뜨겁고 용해된 지구의 핵으로부터 올라온 에너지를 지니고 있다. 다음은 물이 존재한다는 것이다. 기체 상태에서는 원자들이 엄청나게 빠르게 움직이며 돌아다니고 있고, 고체 상태에서는 원자들이 거의 정지 상태로 조직 속에 갇혀 있지만, 액체 상태에서는 원자들은 서로를 지나치며 움직이고, 온갖 복잡한 형태로 쉽게 결합할 수가 있기에, 정교한 화학

작용이 가능한 완벽한 환경을 갖추게 되었다. 생명의 탄생을 위한 조건들이 가능한 장소로 바다 아래 깊은 곳에 지구의 지각에 있는 틈, 즉 심해배출구를 주목하고 있다. 이곳은 맨틀에서 새어 나온 많은 화학 원소들이 있고, 많은 에너지가 있어 정교한 화학작용이 가능한 이상적인 환경을 제공하기 때문이다.

모든 유기체에서 나타나는 가장 간단한 유기 분자들이 이러한 조건에서 매우 간단하게 생성된다는 사실이 알려졌다. 물질과 구분 짓는 생명의 독특함을 우리는 직관적으로 알고 있다. 그러나 독특성을 만들어내는 그 차이를 명확하게 설명한다는 것은 매우 어려운 과제이다. 과학자들은 살아있는 생명체들이 가지고 있을 거라고 여겨지는 어떤 특징을 4가지로 열거한다.

첫 번째 특징은 물질대사(metabolism)를 한다는 것이다. 모든 살아있는 유기체는 세포로 구성되어 있다. 세포가 자기 자신을 유지하고 존속시키기 위해 외부세계에서 물질을 흡수하는 복잡한 과정을 거치는 작용을 한다. 두 번째 특징은 항상성(homeostasis)으로 물질대사를 통해 얻은 에너지와 물질을 활용하여 환경에서 일어나는 매우 작은 변화에라도 끊임없이 적응하려고 하는 능력이다. 세 번째의 특징은 생식(reproduction)으로 자가 자신을 보존하기 위해 개체가 죽는 경우에조차, 그 개체가 죽기 전에 자기 자신과 똑같은 복제본을 만들어 생존을 지속한다. 네 번째는 적응(adaptation)으로 수세대를 거치면서, 종은 천천히 변화하여 환경의 변화함에 따라 적응할 수 있는 능력을 갖추게 되었고, 이로 인해 다양한 새로운 종이 출현하면서 거대한 생물의 다양성을 가지게 되었다.

의식의 출현

가장 어려운 물음이다. 왜냐하면, 세상에 존재하는 모든 것은 원인과 결과에 의한 인과법칙에 종속되어 있지만, 의식은 인과법칙을 벗어나 있다. 오히려 인과법칙의 원인이며 근본이다. 이를 천부경에서는 본심(本心)이라 하여 '본래부터 스스로 존재하는 마음'이라 명확히 밝히고 있다. 성경에서는 의인화하여 이 존재를["나는 스스로 있는 자(I am who I am)"(성경 출애굽기 3:14)]라고 한다.

의식을 쉽게 이해하기 위해서 우리에게 익숙한 컴퓨터에 이 개념을 대응해 보자. 컴퓨터의 발명과 발전은 우리의 정신계와 밀접하게 연결되어 있다. 우선 우리의 몸에 해당하는 하드웨어를 생각해 보자. 단단한 본체는 우리의 신체다. 키보드, 마우스, 소형카메라 등의 입력장치는 우리의 감각기관이다. 눈, 코, 입, 귀, 피부가 여기에 해당한다. 그리고 겉에서는 보이지 않지만, 컴퓨터 속에는 CPU와 메모리, 저장장치가 있는데, 이는 우리의 뇌에 해당한다. CPU는 키보드, 마우스, 등과 복잡하게 연결되어 있는데, 이는 우리의 뇌가 우리의 감각기관과 복잡한 신경으로 연결된 것에 대응한다. 다음으로 우리의 정신에 해당하는 소프트웨어를 생각해 보자. 컴퓨터에 정신이 들어오게 해보자. 전원 버튼을 누르면 컴컴하던 모니터가 순간 밝아진다. 그런데 단순히 전원이 들어왔다고 컴퓨터가 제대로 기능을 하는 것은 아니다. 화면에 무엇인가를 드러내기 위해서 가장 근원적인 소프트웨어가 필요한데, 그 역할을 하는 것이 윈도우나 맥OS, 리눅스 같은 운영 체계인 OS이다. OS가 화면에 가장 기본적인 이미지와 문자를 드러낼 가능성을 열어주는데, 인간에게 이러한 역할을 하는 기본 토대가 '의식'이라고 할 수 있겠다. 인간 정신의 여러 양상은 의식 위에서 드러난다. 의식은 정신이 발현될 수 있는 내적 세계의 공간을 열어준다. OS가 모니터에 의미 있는 무엇인가를 드러낼 수 있게 해주는 것처럼, 의식은 인간이 내면세계를 가질 가능성을 열어 주는 것이다. 이제 응용 프로그램을 사용할 수 있다. 업무를 수행하는데 필요한 워드, 포토샵, 엑셀을 실행해서 작업할 수 있다. 이러한 응용 프로그램에 해당하는 것이 기억, 정체성, 학습된 내용, 발달한 능력 등이다. 이와 같이 컴퓨터와 인간을 대응해 인간의 감각기관, 뇌, 의식, 내적 세계, 기억, 정체성 등을 이해 할 수 있다.

이 중 가장 중요하고 신비로운 것은 의식이다. 컴퓨터의 OS처럼 세상에는 본래부터 스스로 존재하는 순수의식이 있고, 이 존재가 진리이다. 이 존재를 아는 것이 깨달음이고 구원이고 해탈이다. 각각의 생명체는 이 의식과 연결되어 있으며, 연결된 범위와 정보의 양에 비례하여 자기와 외부 세계를 인식하며 살아가고 있다. 여기서 유일하게 이 존재를 인식할 수 있는 생명체가 인간이기에 만물의 영장이라고 하는 것이다.

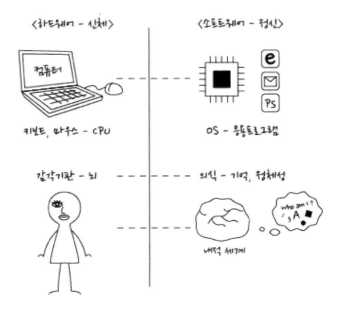

컴퓨터와 의식

생명체와 의식

일반물질과 구분되는 생명체의 특성 중 하나가 바로 의식의 존재다. 이 의식이 어떻게 생겨났을까? 의식이란 무엇인가? 의식은 본래부터 스스로 존재한다. 인간 정신의 여러 양상은 의식 위에서 드러난다. 의식은 정신이 발현될 수 있는 내적 세계의 공간을 열어준다. 컴퓨터의 OS가 모니터에 의미 있는 무엇인가를 드러날 수 있게 해주는 것처럼, 의식은 인간이 내면세계를 가질 가능성을 열어 주는 것이다. 의식을 부정하는 사람은 아무도 없을 것이다. 우리들은 수많은 사람과 관계를 맺고 살아가고 있다. 관계를 매개하는 것이 바로 의식이다. 언어, 행동, 감정, 느낌 등은 의식이 몸으로 표출되는 것이며, 의식은 우리가 깨어있을 때 인지하는 자신과 외부에 대한 '인식'이다. 우리의 의식은 외부에서 오는 온갖 감각을 인지하고, 우리가 어떤 생각과 행동을 할지 판단 결정하고, 기쁨과 슬픔, 즐거움과 분노를 느끼는 주체이다.

생명체의 특성은 자기라는 통합적 정보를 가지고, 자신의 정체성을 유지하기 위하여 외부로부터 에너지를 섭취하고, 자기와 같은 생명체를 만드는 것이다. 물질도 다른 물질과의 결합, 분리 혹은 화학적 반응을 하지만 외부물질이나 에너지를 흡수해서 자기에게 필요한 특수한 성분으로 재생산해내는 능력은 없다. 철이나 물 또는 바위나 모래 같은 것은 특정한 원자들이 특정한 형태로 결합하여서 만들어진 것들이지만 이 물질들은 열이나 충격 또는 바람 같은 외부 힘으로 물리적 법칙대로 뭉치기도 하고 분리되기만 할 뿐, 그러한 외부 환경에 대해서 자신의 정체성을 유지하려고 노력하지 않는다.

즉, 모래는 현재의 모양을 그대로 가진 모래로 계속 남아 있으려고 노력하지 않는다. 그러니까 비생명체는 자기에 대한 집착이 없는 것이다. 비생명체와 생명체와의 근원적인 차이점은 '자기에 대한 집착'이다.

집착이란 의식작용을 의미한다. 이 의식이란 무엇인가? 우리가 의식을 생명체의 국한된 것으로 생각하는 것은 아마도 자기와 외부를 구별하는 개체성을 지녔기 때문이라 생각한다. 그럼 모든 생명체는 의식이 있는가? 식물도 의식이 있는가? 아프리카에 아카시아나무는 자신을 방어하기 위해 잎에 독성물질을 생성하는데, 기린이 올 경우 이 정보를 주위의 동종 나무들에게 알려 미리 방어하게 한다고 한다. 박테리아와 같은 미생물은 어떤가? 바이러스는 한 개의 핵으로 구성된 매우 단순한 유기체로 외부에 있을 경우엔 무생물에 가깝다고 한다. 이들이 숙주를 만나 몸에 침투하면 비로소 생명 활동을 시작하는데 아무런 인식기관도 없지만, 정확히 숙주 몸에 자기가 안주할 장소를 찾는다는 사실이다.

예를 들면 간염 바이러스는 자기 몸 크기에 비해 거의 무한대에 가까운 인체에서 정확히 간에 안착하여 일정한 잠복기를 거쳐 분열과 성장을 한다. 개미는 수많은 종이 각각의 환경과 조건에 최적화된 군집생활로 번성하고 있다. 이들은 놀랄 만큼 고도화된 분업을 통해 하나의 완전한 유기체처럼 활동하고 있다. 과연 이들의 정보는 어디에 있는 것일까? 이들은 이런 정보를 어떻게 인식하고, 공유하며, 업그레이드할까? 이러한 생명의 신비는 모든 과학자, 철학자, 신학자들에게 풀 수 없는 수수께끼로 남아있다.

뮐러의 실험에서 자연계에서 우연에 의한 유기화합물의 탄생이 가능하다는 것을 입증했다. 수십억 년이라는 세월을 통해서 자연이 생명체를 탄생 하게 한 우연적인 상황이 무엇인지 모른다. 설령 안다 하더라도 그것을 재현해낼 기술이 없기 때문에 생명의 창조는 불가능한 영역 속에 남아있다. 생명체를 이루는 유기체는 수백만 개의 원자들과 분자들이 반도체 메모리와는 비교조차 할 수 없는 고도로 복잡하고 특수한 상태로 연결되면서도 1만분의 1mm밖에 안 되는 세포의 핵 속에 들어 있다. 과연 어떤 존재가 물질에서 생명으로 넘어가는 이 신비의 계단을 놓았을까?

창조의 원리

우리는 '순수의식'이 본래부터 스스로 존재하는 마음[本心]이며 모든 일체의 근본이며 원인임을 확인하였다. 이 존재는 외부의 정보가 차단되는 순간에 드러나는 명료한 알아차림의 순수의식이다. 실체를 보는 방법은 이 의식 상태가 되어야만 알 수가 있음을 뇌 과학자의 실험을 통해서 확인하였다. 이 의식을 인식하는 인지기관이 뇌이며 인간에게 이러한 능력이 내재 되어 있다.

일부 과학자들은 의식이 물질인 뇌의 작용이라고 주장한다. 즉 물질이 의식을 만든 원인이며 조건이라고 주장한다. 진화이론에 따르면 뇌의 생성은 우연히 생성된 유기화합물에서 단세포 생명이 탄생하였고 진화를 거듭해 뇌가 만들어졌다고 한다. 단세포인 생명체는 생존과 종족보존을 위해 감각기관을 발달시켰다는 것이 일반적인 과학이론이다. 다양한 감각기관(눈·코·입·귀·몸의 촉감)이 형성 발전하면서 이를 규합하고 통제하는 신경세포들이 조직화된 것이 뇌라는 기관이라고 한다. 여기에 중요한 모순점이 보인다. 예를 들어 생존을 위해 외부의 형태를 인식하기 위해 눈이라는 기관이 생성되었다고 한다면, 생성의 원인은 생존을 위한 강렬한 의식이라고 해야 논리적으로 타당하다고 생각한다. 눈이라는 기관을 통해 받아들인 정보를 인식하고 해석하는 의식의 기능이 눈보다 나중에 생겼다면 의식이 생기기 전에 감각기관은 무엇을 받아들이고 해석했는지 설명이 불가하다. 따라서 생명체의 감각기관이 의식보다 먼저 생긴다는 것은 논리적으로 있을 수 없다.

따라서 의식이 물질생성의 원인이며 바탕이다. 의식으로부터 물질이 나왔다는 것이다. 이를 확인하고 검증하는 것은 매우 어려운 일이다. 왜냐하면, 물질과 에너지는 실험과 관찰로 존재의 설명을 객관적으로 할 수 있지만, 의식은 각자의 다양한 삶의 경험으로 구성되어 주관적이기 때문에, 물질과 의식을 공통의 기준과 틀로 비교 분석하는 것이 불가능하기 때문이다.

그러면 물질과 의식은 각기 다른 별개의 존재일까? 우선 인류가 밝혀낸 물질에 관한 과학이론을 살펴보자. 절대적이고 보편적이며 불변하는 진리를 찾기 위한 인류의 탐험에 가장 신뢰받는 분야는 단연 과학을 들 수 있다. 실험과 관찰을 통해 검증되지 않는 사실들은 이성의 신뢰를 받을 수 없기에 폐기된다. 이는 절대적으로 진리를 검증하고 확인하는 강력한 수단과 방법이기에 전폭적인 지지를 받고 있다.

고대과학: 고대의 과학은 관찰과 실험이라는 과학의 고유한 방법론을 사용하기보다는 사유실험이나 추상화 과정을 통해 세계를 설명하는 방식이었으므로 철학과 잘 구분되지 않는다. 자연철학자들은 주로 세계를 구성하는 기본 요소가 무엇인지에 대해 논의했다. 이런 기본요소를 아르케(arche)라고 하는데, 물, 불, 원자 등이 아르케 후보들이었다.

근대과학: 서양의 근대 과학은 코페르니쿠스와 갈릴레이가 지동설을 주장하면서 시작되었다고 한다. 강압적인 종교의 억압과 폐단에서 벗어나 인간의 이성이 종교를 대체하면서 객관적으로 관찰할 수 없는 의식은 자연과학에서 배제되었다. 관찰과 실험을 할 수 있는 자연현상을 수학적으로 서술함으로써 종교적인 관점이 아닌 인간의 이성으로 판단한 이론과 명제를 갖춘 과학이 세상을 움직이기 시작하였다.

이러한 자연현상에 대한 과학적 설명과 이론들은 뉴턴에 이르러 절정을 맞이한다. 유명한 '만유인력의 법칙'으로 자연현상을 수학적으로 설명함으로써 더 이상 신이나 영혼이 개입할 여지를 없애버렸다. 자연은 일정한 법칙으로 운동하는 커다란 기계로 인식되었다. 19세기 말에 태어난 천재 물리학자인 아인슈타인은 특수 상대성이론에서 절대속도를 갖는 빛을 탐구하여 시간, 공간, 질량의 변화를 설명하는 특수상대성 이론에서 질량-에너지 등가원리인 $E=mc^2$ 라는 유명한 공식을 발표하였다. 현대과학의 상징과도 같은 이 공식은 물질과 에너지의 경계를 허물어버렸다. 질량-에너지 등가 원리의 핵심은 질량과 에너지가 사실상 동등하며 상호 교환될 수 있음을 설명한다. 우주에서 정지한 물체는 그 질량에 상응하는 에너지를 지닌다. 물체가 질량을 가졌다면 그만큼 에너지로 변환될 수 있다는 뜻이다. 반대로 파동이나 빛과 같은 순수 에너지가 입자로 변환될 수도 있다. 이러한 아인슈타인의 아이디어는 특수상대성이론으로 정리되었고, 핵물리학의 기초 이론을 제공하여 핵물리학이 발전할 수 있는 토대가 되었다. 갈릴레이, 뉴턴, 아인슈타인은 공통으로 같은 세계관을 갖는다. 그것은 결정론적 세계관이다. 이에 따르면 우주는 수학적이고 물리적인 법칙에 따라 한 치의 오차도 없이 정확하게 예측된다.

양자역학: 20세기 등장한 현대과학을 대표하는 양자역학에서는 결정론적 세계관을 부정한다. 즉 비 결정론적 세계다. 우주의 미래는 결정되어 있지 않다. 양자역학이 시작된 것은 기술 발전과 함께 원자 이하의 세계에 대한 관측이 가능해졌기 때문이다. 뉴턴과 아인슈타인이 거시세계에 관심을 기울였다면, 현대 물리학자들은 미시세계에 대해 탐구했다. 미시세계도 뉴턴역학을 따를 것으로 생각했다. 하지만 실제로 확인해본 결과, 눈에 보이지 않는 미시세계는 일반적인 상식과는 다르게 움직이는 듯했다. 이에 따라 미시세계를 기술할 새로

운 물리학이 필요해졌는데, 이를 양자역학이라 부르게 된 것이다. 미시세계에서 소립자를 관찰하면 위치와 속도가 동시에 측정되지 않는다. 미시세계에서 누군가 관측행위를 할 때야 비로소 소립자는 자신을 드러낸다. 이것을 증명하는 실험 중에 과학자들을 당혹스럽게 한 '이중슬릿 실험'이라는 것이 있다.

〈이중슬릿 실험〉

실험의 구조는 매우 단순하다. 평면의 두꺼운 막에 얇고 긴 직사각형 모양의 구멍을 두 개 뚫어놓으면 끝이다. 이 막을 슬릿이라 부르자. 직사각형의 구멍이 두 개라서 이중슬릿이다. 슬릿을 가운데에 세워두고, 한쪽에서 잉크를 채운 구슬탄알을 쏘는 기계를 설치한다. 그리고 반대편에 탄알을 받을 벽을 설치한다. 탄알을 쏜다면 탄알은 우선 이중슬릿에서 일부가 걸러지고, 일부가 반대편에 도달해서 무늬를 만들 것이다. 탄알 대신에 음파를 쏜다면 음파는 이중슬릿까지 도달할 것이고, 두 개의 슬릿을 통과하면 서로를 간섭하게 될 것이다. 파동은 서로 만났을 때 상쇄되거나 증폭되는 간섭의 모습을 보인다. 이에 따라 벽에는 간섭한 상태 그대로 간섭무늬가 찍힌다. 이중슬릿 실험은 고전적인 실험으로, 벽에 찍힌 무늬를 통해 입자와 파동의 특징을 보여주는 실험이었다. 그런데 기술이 발전함에 따라 사람들은 눈에 보이지 않는 소립자를 대상으로 이중슬릿 실험을 하게 되었다. 그리고 소립자는 입자일 것이므로 구슬탄알처럼 하나의 직사각형 무늬의 잔상을 만들어낼 것이라고 기대했다. 그런데 직접 실험을 진행했더니 소립자가 파동처럼 간섭무늬를 드러내는 것으로 확인되었다. 이것은 상식적이지 않은 결과이다. 왜냐하면, 소립자는 당연히 입자일 것이므로 간섭무늬를 나타낼 수 없기 때문이다. 하지만 실제로 간섭무늬를 만들었으니 가능한 대답은, 기계를 출발한 소립자가 이중슬릿 앞에서 둘로 나뉜 다음에 각각 두 개의 슬릿을 지나서 서로를 간섭한다는 것이다. 그래서 과학자들은 두 개의 슬릿 중에 진짜로 지나가는 슬릿은 무엇인지를 확인하기 위해 슬릿에 검출기를 두어 이를 관찰했다. 그리고 실험을 진행했더니 이번에는 소립자가 간섭무늬를 만들지 않고 하나의 입자처럼 직사각형 무늬를 하나만 만들어냈다. 즉 소립자는 마치 우리가 관측하는지 않는지를 알고 있는 것처럼 행동한다. 관측하지 않을 때는 두 개의 슬릿을 동시에 통과해서 파동처럼 행동하지만, 관측을 시작하면 자신의 위치를 확정해서 입자처럼 행동한다. 다시 말해 관측이라는 행위가 세계를 확정하는 역할을 하는 것이다. 실험자가 미립자를 입자라고 생각하고 바라보면 입자의 모습이 나타나고, 바라보지 않으면 물결의 모습이 나타나는 현상을 양자물리학에서는 '관찰자 효과[observer effect]'라고 부른다. 이것이 바로 만물을 창조하는 본심(本心)의 가장 핵심적인 원리다. 다시 말해 미립자, 소립자, 에너지는 눈에 보이지 않는 파동으로 우주 공간에 존재하다가 감각기관을 통해 인식하는 바로 그 순간, 돌연 눈에 보이는 현실에 모습을 드러낸다.

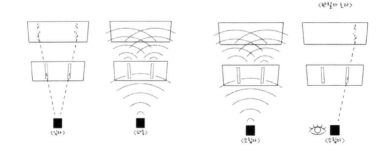

이중슬릿 실험　　　　　**관찰자 효과**

　　우리는 이 세상이 당연히 존재한다고 믿고 있다. 세상이 존재하기에 우리는 오감을 통해 세상을 인식한다고 생각한다. 그러나 실험에서 나타나듯이 관찰하여 인식하기에 세상은 존재하는 것이다. 의식, 즉 관찰자가 없으면 세상은 에너지인 파동으로 넘실대는 무한의 파동 세계인 것이다. 보이는 세계는 파동이 조건에 의해 겹쳐진 파동 뭉치가 감각기관을 통해 뇌에서 홀로그램으로 재구성되는 것이다.

물질이란

　　순수의식에 잠재된 모든 일체를 세상에 드러내는 것이 창조다. 이를 전지전능(全知全能)이라 하지 않는가! 물리학자들은 질서의 양을 측정하기 위해 '엔트로피(entropy)'라는 가상의 수학적 단위를 고안해 냈는데, 엔트로피는 물질을 구성하는 입자의 질서의 정도를 나타낸다. 엔트로피가 높을수록 무질서가 증가하는데, 열역학의 제2법칙에 따르면 엔트로피는 독립적인 물리 공간 내에서는 언제나 증가하고 그 반대의 경우에는 절대 일어나지 않는다고 한다. 그럼 우주는 최초엔 최대한 질서상태를 갖추고 있다가 점차로 무질서해져야 한다는 결론이 나온다. 그러나 우주는 갈수록 조직적이고 질서 있는 천체의 운행을 보여주고 있다. 이러기 위해서는 에너지가 필요한데, 이러한 의문에 물리학자들이 제시하는 답이 물질의 엔트로피를 낮추는 에너지를 우주의 팽창과 중력이라 설명하고 있다. 물리적 세계에서는 중력의 힘이 최대한의 무질서에서 질서를 창조하는 힘이다.

조직적인 질서를 갖춘 물질은 의식 같은 비물질적인 요소가 전혀 없는, 비생명적인 것으로 판단하였다. 그러나 오늘날 양자역학으로 대표되는 소립자 물리학의 발달은 물질의 궁극적인 구조와 법칙을 거의 최종적인 단계까지 밝혀냈다. 이제 물질의 세계는 더는 추측과 가정의 세계가 아니다. 과학은 물질이 분명히 활동적이고, 고정되거나 움직임이 없는 죽어있는 고요한 세계가 아닌 것을 알게 되었다. 전자와 미립자들의 운동은 신비로울 정도로 활기에 가득 차 있으며 고도로 질서 잡힌 법칙에 따라 운동하고 있다. 이는 모든 물질의 입자들은 정보를 가지고 있음을 시사한다. 양자가 양자일 수 있고 전자가 전자일 수 있는 것은 물질이 가지고 있는 정보 때문이다. 미립자의 성질과 운동은 미립자의 자기 정보에 따른 것이다. 이 정보를 교환하여 서로를 인식함으로써 미립자들은 서로를 인식하고 결합 상태를 유지하는 것이다. 이들 정보는 상대가 있어야만 확인할 수 있다. 다른 어떤 입자도 없이 홀로 있는 입자는 자기 정보를 확인할 수 없으므로 정체성을 상실하고 곧바로 비존재의 상태로 된다. 이는 이 세계가 상대적임을 나타낸다. 자신의 존재는 반드시 자기를 확인시켜 주는 상대를 만나기 전에는 존재하지 않는 것이다. 즉 인식되지 않으면 존재치 않는다. 인식되어야만 비로소 존재한다는 것이다.

물질들을 연결해 주는 정보는 이처럼 시공간의 제약을 받지 않는다는 것 이외 또 하나의 중요한 성질을 가지고 있다. 그것은 바로 정보의 통합성이다. 즉 양성자와 중성자는 분리되어 있을 때는 각각의 고유한 힘과 정보를 가지고 있지만, 이 둘이 결합해서 하나의 원자핵을 이루게 되면 양성자와 중성자로서는 가지고 있지 않던 통합된 새로운 물질의 성질을 가지고 하나의 원자핵으로 활동한다. 전자는 이 원자핵과 결합하는 것이지, 그 속에 들어 있는 양성자나 중성자와 결합하는 것이 아니다. 마찬가지로 원자핵과 전자가 결합하여 하나의 원자를 이루게 되면 그것을 구성하고 있는 개개의 전자들의 성질은 통합된 원자의 특성 속에 묻혀버리고 양성자나 중성자 또는 전자의 성질들과는 전혀 다른 하나의 원자로서의 특성을 가진다. 모든 원자를 구성하고 있는 양성자나 중성자 또는 전자들은 모두 같은 힘과 정보들의 소유체이지만, 그 결합 방식에 따라 산소 원자나 수소 또는 헬륨 원자들은 전혀 다른 성질을 가지게 됨으로써 서로 구별되는 것이다. 이로써 알 수 있는 것은 모든 물질의 기본 입자가 가지고 있는 정보는 상대와 결합하는 순간, 입자라는 유형의 물리적 결합만을 이루는 것이 아니라 그것들이 가지고 있는 정보가 모여서 하나의 통합된 정보를 창출해낸다는 사실이다. 그래서 시공간상에서 원자 이전의 입자들은 그 존재의 확실성이 의심스럽고 정보 또한 애매하다면, 하나의 핵과 전자들의 구름으로 만들어진 원자부터는 그 실체를 확고하게 시공간에 나타내는 것이다. 즉, 원자는 그 존재가 뚜렷하여 자신의 존재를 관찰자에게 모두 나타낸다. 이 말은 원자가 질량과 위치와 속도를 가진 관찰할 수 있는 대상이 되어 비로소 불확정성의 원리에서 벗어나 확정된 물질이 된다는 것이다. 원자는 하나의 통합된 정보를 가진 존재이며, 각각 고유한 성질을 가지고 있다. 따라서 원자들이 만나게 되면 각자가 가진 정보에 따라 서로 결합하기도 분리되기도 한다. 원자들이 결합하면 분자를 이루는데, 이 분자들 역시 낱낱의 원자들의 성질과는 전혀 다른 통합된 고유성을 가진다. 예를 들어 수소 원자 두 개와 산소 원자 하나가 결합한 물 분자는 수소나 산소와는 다른, 물의 성질을 가지게 된다. 두 개의 수소가 가진 정보와 한 개의 산소가 가진 정보가 결합해서 새롭게 창출해낸 통합된 정보가 바로 물 분자의 정보다. 그런데 이 통합된 물 분자의 정보는 결합하기 이전의 산소나 수소보다 훨씬 복잡하고 조직된 정보를 가지고 있다. 이 물 분자들은 같은 물 분자들과 만나면 물이란 물질을 이루는데, 이때도 마찬가지다. 각각의 분자가 가진 정보들이 통합된 하나의 상위 정보체를 형성해서 각각의 물 분자에 없던 빙점이나 비등

점, 그리고 결빙될 때의 결정의 모양이라든가, 표면장력 같은 고도의 정보를 유자하면서 주위 환경에 반응하게 되는 것이다. 그리고 이 물들이 엄청난 양으로 모이게 되면 또다시 대규모 정보체로서 행동을 통일하는 것을 볼 수 있다.

물질이 그 결합되는 단계에 따라서 보다 고도의 조직적인 정보를 만들어 간다는 사실에서 우리는 물질은 죽은 존재가 아니라 힘과 정보를 가지고, 그것들을 결합해서 보다 고도의 새로운 통합적인 정보를 생성해내고 있음을 알게 되었다.

하나의 통합체

시공간상에 모습을 가진 모든 물체는 물질의 정보를 주고받는 상호 관계 때문에 에너지가 모습을 바꾸어 나타난 것이라고 밝히고 있다. 양자 실험으로 물질의 정보들은 입자들이 분리되어도 시공간을 초월에서 입자들을 연결시키고, 그 관계를 유지하게 시킨다는 사실이 밝혀졌다. 이와 같은 미시 세계의 원리로부터 물질의 본질 가운데 하나인 정보가 시공간의 법칙을 따르지 않으며, 물리적인 원리와도 무관하게 유지되고 있음을 알 수 있다. 시공간에 존재하는 모든 것은 시간과 공간을 지배하는 물리 법칙을 따른다고 볼 때, 그런 법칙에서 벗어나 있는 이 정보들은 시공간적인 존재가 아니다.

벨의 실험: 물질 간의 정보의 성격을 알게 해주는 실험이 있다. 하

나의 원자가 붕괴하면 두 개의 광자가 튀어나와 서로 반대 방향으로 달려가게 된다. 이 두 개의 광자는 분리된 입자이긴 하지만 관계라는 정보의 끈으로 연결되어 있으므로 두 광자 간의 거리가 몇 광년으로 벌어져 있어도 둘은 하나의 정보체로 결합하여 있다. 따라서 한쪽의 진로가 막혀서 정지하게 되면, 정확히 그와 동시에 몇 광년 떨어진 거리의 다른 쪽 광자도 멈추어 선다. 몇 광년의 거리를 주고 떨어져 있는 하나의 광자에 어떻게 반대편 광자의 상황이 동시에 전달될 수 있느냐는 의문에 대해 닐스 보어(Niels Bohr, 1885~1962)는 하나의 이 두 개의 광자는 관측자에게 관측되는 순간까지는 하나의 종합체라고 설명했다.

이 실험(존 벨의 이론적 근거에 따른 실험이라고 해서 '벨의 실험'이라 불린다)은 현대물리학 특히 양자역학에서 중요한 의미를 가지는데, 양자역학이 근본적으로 옳다면 정보의 초광속 전달이 성립한다는 가정을 실제 증명한 것이다. 물론 아인슈타인의 상대성 이론이 옳다면 정보의 초광속 전달은 불가능하다. 그러나 최신의 실험 장치를 가지고 수차례에 걸쳐 수행한 실험 결과는 놀라운 것이었다. 그것은 양자역학이 정확하다면 정보의 초광속 전달을 부정할 수 없다는 결과를 입증해 보였다. 정보의 관계로 연결된 두 개의 물질은 시공간 내의 거리가 아무리 떨어져 있더라도 이 관계를 유지하고 있는 한 아직도 결합하여 있는 하나의 통합체다. 정보의 파동은 물질이나 에너지의 전달과는 달리 시공간상의 이동에 따르는 제약을 초월하는 것이다. 여기에서 우리는 물질의 본질 중 하나인 정보에 매우 의미심장한 특성이 있음을 발견할 수 있다. 그것은 시공간의 제약을 넘어선다.

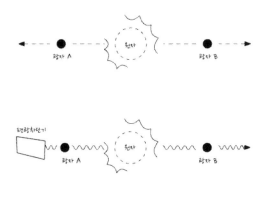

벨의 실험

닐스 보어의 광자 실험에서 쪼개진 원자핵이 튀어나간 두 개의 광자는 몇 광년의 거리를 날아간다 할지라도 물리적인 세계에서 허용되는 최고 속도인 광속을 넘지 않으면서 멀어져간다. 그러나 이 두 광자 중 하나가 정지하는 순간 거리와 관계없이 반대표의 광자도 정지한다면 두 광자 사이에는 분명히 정보가 전달되고 있음을 알 수 있다. 그렇다면 정보는 몇 광년의 거리로 멀어진 두 광자 사이를 어느 정도의 속도로 흐르는 것일까? 두 광자가 동시에 멈추었다는 사실은 정보가 전달되는 데 걸린 시간이 0이었다는 이야기다.

시간이 제로라면 속도는 곧 무한대라고 말할 수 있다. 두 입자는 광속에 제한을 받지만 두 입자 사이의 정보 전달은 무한 속도로 이루어진다는 것이다. 그런데 시공간 내에서 무한 속도인 어떤 존재는 그 시공간 내의 모든 곳에 동시에 존재한다는 것을 의미한다. 한 지점에서 다른 한 지점으로 움직이는 데 걸리는 시간이 0이라면 이 존재는 모든 곳에 동시에 존재할 수밖에 없다. 따라서 정보는 아무리 작은 입자 간의 것일지라도 이 우주의 모든 곳에 동시에 있기 때문에 찰나의 시간도 걸리지 않고 절대 동시에 양쪽 입자에 전달된다. 속도가 무한하게 빠르다는 것은 곧 두 지점 간의 거리의 값이 0인 것과 마찬가지다.

두 입자 사이를 연결하는 정보들이 시공간을 초월하여 그 입자들을 유지하게 시키고, 이 관계를 성립시키는 낱낱의 입자들이 가진 정보들을 결합하여 새로운 상위 정보를 형성하고, 그 통합적인 정보에 의해 새로운 물질들이 생성된다는 것은 하나의 통합된 정보의 세계 [정보계]가 존재한다는 것을 의미한다. 정보계는 시공간의 존재가 아니다. 존재하긴 하지만 물리적인 존재가 아니라는 뜻이다.

정보계의 탄생

우주에서 탄생한 생명은 고도로 질서 잡힌 존재이다. 에너지가 조건에 의해 변환되어 물질이 생성[물질창조]된 후에, 신비의 경계를 넘어 엔트로피가 낮아지는[질서는 증가하는] 우주에서 가장 복잡하고 질서 정연한 생명체를 탄생시켰다. 생명체는 단순한 세포로부터 진화를 거듭하여, 즉 질서가 고도화되는 과정을 거치면서 수많은 종류의 생명체가 생성되었다. 이들 생명체가 의식을 작용하여 정보계[정신창조]가 만들어지기 시작했을 것이다. 정신세계에서는 순수의식이 최대한의 무질서에서 질서를 창조하는 힘이다. 맨 처음엔 가장 단순한 최초의 생명체가 생존과 번식을 반복함으로써 생성된 단순하고 간단한 정보가 정보계에 저장되었을 것이다. 이것이 시간이 흐르면서 무수히 많은 생명체가 저장한 정보가 축적되었다. 정신계는 바로 생명체들이 살면서 서로 관계를 맺으면서 발생하는 정보들로 구성된다. 우주의 팽창과 더불어 정보도 더욱더 늘어나고 있다. 순수의식에 내제되어 있는 모든 경우의 수가 현상계에 발현되는 것이 창조이다. 세상에 일어나는 현상은 저장된 정보계와 인과로 서로 연결된 생명체 의식이 서로 관계를 맺으면서 발생하는 것이다. 생명체의 모든 경험과 지식이 누적되어 각각의 정보계에 저장된다. 생물의 진화는 정보계에 정보가 축적되는 과정과 밀접하게 연결되어 있다. 이러한 정보의 생성 비밀을 풀지 못하면 진화, 전생과 윤회에 대해 아무것도 알지 못할 것이다.

다윈식 진화론이 자체 모순에서 벗어나지 못하는 이유는 '획득형질은 유전되지 않는다'는 멘델의 실험 결과와 정면으로 배치되기 때문이다. 자연도태나 용불용설은 모두 개체의 경험인데, 진화론은 각 세대의 개체가 체험한 자연도태나 용불용설은 어떻게 긴 세월을 거치는 동안 후대의 형질을 변화시킬 수 있는가를 설명해내지 못했다. 획득형질과 각 개체의 체험은 육체적인 유전정보를 통해서 후대에 전해지는 것이 아니다. 누적된 정보가 유전인자를 변화시키는 원인이며, 이 변화는 다음 세대로 이어지면서 수만 년에서 수억 년의 시간이 걸리기도 한다. 생명체에 내재된 근본의식은 '생존과 번식'이다. 이 의식이 자기 보존 능력을 극대화시켜 주의의 환경과 조건에 맞게 육체를 변화시켜 나가면서, 물리적인 세계에서 실현 가능한 최선의 방법을 찾아간다. 여기에 내재된 염원과 갈망은 정보계에 저장되며, 이는 다음 세대로 이어져 신비스러운 육체적 변화를 가능하게 한다. 이를 설명하려면 영혼을 상정하지 않고는 이러한 기적을 설명할 수 없다. 만약 영혼이 윤회하지 않는다면 한 세대의 생존능력은 그 세대의 것으로 끝나고 만다. 이처럼 생물의 진화와 생존방식의 개발은 조물주의 작업이나 기적이라는 말로밖에 설명할 수 없을 정도로 신비하다.

순수의식이 물질계와 구분되며 시공간을 벗어나서 하나로 통합된 정보의 세계(정보계)를 구축한다. 따라서 정보계도 시공간의 존재가 아니다. 존재하긴 하지만 물리적인 존재가 아니라는 뜻이다. 이는 컴퓨터의 OS가 응용프로그램을 구동시키는 원리와 같다. 응용 프로그램에 해당하는 것이 기억, 정체성, 학습된 내용, 발달된 능력 등이다. 이처럼 우주의 모든 정보는 순수의식에 의해 생성되고, 저장되고, 축적되고 통합된다. 이 존재는 의식으로 체득해야만 확인할 수

있다. 체득한 알아차림의 순수의식과 무한대의 허공이 하나로 존재
한다. 허공은 비어있는 것이 아니라 기운으로 꽉 차 있다. 이것이 과
학이 밝힌 허공의 성질과 정확히 일치한다. 여기서 만물이 창조된다.
빅뱅도 여기에서 시작되었다. 이 존재가 하나님, 창조주, 부처님, 알
라, 진리인 것이다.

생명체의 진화

생명체는 물질로 구성된 육체와 개체의식의 복합체이다. 수많은
진화와 윤회를 거치면서 축적된 정보의 주체[영혼, 자아(自我)]가 우
주의 목적을 이뤄 간다.

과학자들이 밝혀낸 생명체의 진화는 단세포 진핵생물이 모여 군
체를 형성하고, 이들 생물이 군체 내에서 각각의 기능을 수행하는 세
포로 분화되면서 다세포 진핵생물로 진화되었다는 것이다. 군체는
각 단세포 생물의 협동 작업을 통해 환경의 변화에 적응하고, 특수
한 세포 형태로 분화가 일어남으로써 적응력이 뛰어난 다양한 다세
포 진핵생물로 진화할 수 있었다. 고등생물은 이렇게 무수히 많은 작
은 세포들이 공생관계로 모여 이루어진 복합체이며, 생명체의 군집
이다. 우리 몸을 이루는 100조 개의 세포들은 그 각각이 모두 독립
적인 생명체들이라고 할 수 있다. 거대한 다세포유기체의 부분이 되
는 것을 생존방식으로 선택한 것이다. 세포들은 살아있는 동안 꾸준
하게 유전자를 복제하여 자기와 같은 생명을 남겨놓고 죽는다. 이러

한 단위 생명은 각각의 의식이 존재하며, 그것들 각각의 식이 합쳐진 것이 통합하여 하나의 유기체에 의식을 형성한다. 이 엄청난 양의 정보들이 하나로 통합하는 기능의 생명체들이 모인 기관이 뇌이다.

외부의 자극에 민감하게 반응하는 세포들이 한 곳으로 모여 특정 자극을 더 빠르고 정밀하게 인식하고 반응할 수 있게 됨으로써 생존과 번식에서 유리한 경쟁력을 갖게 되었다. 그래서 특정한 세포들이 독점적으로 받아들인 정보를 공유할 필요성이 생기게 되었다. 이것이 바로 신경망이다. 동시에 신경망을 통해 전해진 정보들을 취합하여 다시 온몸에 배분하는 전문기관이 생겨났고 이것이 뇌이다. 신경망은 뚜렷하게 형태를 가진 조직으로써 몸속에 회로를 구성하고 있으며 이것은 하나의 다발을 이루어 척추 속을 통과하고 있다. 신경은 의학적으로 확인과 구분을 할 수 있는 것이므로 특정한 부위의 신경망이 손상을 입으면 신체 일부가 마비된다. 그러나 이렇게 신경조직이 손상을 입어 어떤 감각도 느끼지 못하는 신체 부위라 할지라도 생명체의 일부로써 그것이 유지되는 한 절대로 파괴되지 않는 별도의 정보망이 존재하고 있다. 뇌졸중이나 사고로 척추를 다쳐 신경망이 차단된 육신일지라도 그 부분에 상처가 나 피가 흐르면 곧 지혈되고 딱지가 앉으며 시간이 흐르면 아물게 되는 복원력은 살아 있으며, 그 부위의 모든 세포는 정상적인 생성과 교체와 소멸을 똑같아 해내고 있다. 신경이 통하지 않아도 손톱은 모양을 기억하고 그대로 자라며 모발이나 털들도 변함없이 자라고 또 빠지는 것이다. 두뇌가 그것에 지령을 보낼 수 없다 하여도 유기체로서의 생명은 육신의 모든 세포를 차질 없이 관장하고 있다. 이러한 유기체로서의 통합성을 유지하는 정보는 신경망과는 별개의 것이다. 수조 개에 달하는 인체의 모든 세포 하나하나를 결합시켜 각자의 자리에서 기능을 다 하도록 유지하게 시키는 정보는 신경망보다 훨씬 치밀하고 근원적인 것이다. 이것은 정신적인 정보 체계여서 과학적인 측정이 어렵다. 수백만 마리의 개미 떼가 하나의 지능체처럼 일사불란하게 움직이는 것과 같이 눈에 보이는 가시적인 조직도, 육체라는 구성도 없는 오직 정신적인 정보다. 생물의 진화는 정보계에 정보가 축적되는 과정과 밀접하게 연결되어 있다. 생명체의 모든 경험과 지식이 누적되어 각각의 정보계에 저장된다. 수조 개의 세포들은 신경망과 별도인 훨씬 직접적이고 치밀한 무형의 정보망과 연결되어 있다.

태내에서 인간의 두뇌가 완전한 하나의 세트를 구성해가는 단계는 생물의 진화와 완벽하게 일치한다. 동물의 진화는 두뇌의 진화와 그 폭을 같이하고 있다. 수정란이 세포분열을 마치고 급격한 자기 증식을 통해 하나의 생명체로 변해가는 과정에서 가장 먼저 희미하게 모습을 드러내는 것은 뇌가 아니라 신경섬유망[뉴런]이다. 이어서 신경 세포가 점차 집단으로 뭉쳐져 뇌의 전신이 되는 다발을 형성하고 발달하면서 수십억 년의 진화과정을 짧은 시간 내에 거친다. 뇌와 척수가 겨우 구별되기 시작하면 태아는 어류의 단계에 들어선 것이고, 구피질이 더해지면 양서류 단계가 되고, 신피질이 형성되면서 파충류 단계로, 신피질이 완성되고 대뇌변연이 추가되면서 드디어 포유류 단계에 이르고, 대뇌변연계가 완성되고 신피질이 완전히 정착되어야 인간의 뇌가 형성된다. 인간은 태내에서 단세포 생물에서부터 인간에 이르기까지 수십억 년 동안 진행된 생물의 진화를 10개월이라는 짧은 기간에 그대로 반복·재현한 끝에 태어난다. 대부분 동물은 태어나면 스스로 걷게끔 되어 있고 부모의 보육 기간도 아주 짧다. 그러나 인간은 최소 몇 년의 보육 기간이 필요할 만큼 미숙아 상태로 태어난다. 왜냐하면, 지능의 발달에 비례하여 두뇌의 용적이 커지는데, 성숙에 필요한 만큼 모체 내에 더 머물러 있다가는 머리가 산도를 빠져나오기 어려워지기 때문이다.

두뇌생리학에 따르면 유아의 두뇌는 1백억 개나 되는 뉴런이 있어도 축색이 완성되어 있지 않아서 뇌세포끼리의 배선이 되어 있지 않은 상태와 같다고 한다. 수초가 완전히 감싸고 있지 않은 축색은 피복이 벗겨진 전선과 같아서 신경전류가 흐르지 못하고 주위로 새나가 버리고 마는 것이다. 이 때문에 두뇌의 배선 작업은 태어난 뒤 점차 이뤄지는데, 뇌산과 소뇌가 가장 빠르고 대뇌변연계와 신피질이 가장 더디다고 한다. 의식의 정신 활동을 관장하는 두뇌 부위인 전두엽[창조, 의욕, 등에 관여]과 측두엽[판단, 기억에 관여] 그리고 후두엽[사고, 이해, 지각, 인식을 관장] 같은 곳은 출생 시 거의 배선이 되어 있지 않은 상태다. 특히 전두엽은 평생 배선을 계속하지만, 완성을 보지는 못한다고 한다.

두뇌 활동에 대해 밝혀진 이 같은 사실들로 볼 때 의식은 뇌라는 육체 조직의 성장과 불가분의 관계가 있는 것으로 보인다. 즉, 의식은 두뇌의 활동에 그 기반을 두고 있는 것이다. 아직 대뇌 생리학은 의식의 정체를 정확하게 파악하지 못하고 있다. 뇌에서 진행되는 전기적 신호 활동이 어떻게 복잡한 심리상태를 형성하고 우리의 의식에 전달되는가 하는 것은 여전히 수수께끼다. 어떤 심리학자나 정신의학자, 물리학자도 의식작용을 뇌에서 일어나는 전기적 화학반응으로 단정 짓지 않는다. 뇌의 활동 결과로 형성된 마음을 성격, 정서, 의지 등의 고차원적인 정신 활동으로 전환하여 활용하는 의식은 전혀 별도의 것으로 보고 있기 때문이다. 따라서 '두뇌가 의식을 만든다'라는 기계론적인 과학계의 주장은 설득력이 없다.

두뇌는 본심이 OS로 깔린 정보의 송수신 장치이다. 휴대폰을 통해서 우리는 무한한 정보를 받아 볼 수가 있고, 내가 만든 정보를 남들과 공유할 수도 있다. 그러나 휴대폰을 분해해서 부품, 나사 하나하나까지 아무리 정밀하게 살펴봐도 아무것도 발견할 수가 없다. 마찬가지로 두뇌란 정보계에 저장된 정보를 송수신하는 장치이다. 이 장치는 성장 과정을 거치면서 조직과 기능이 완성되고 향상된다. 문제가 있으면 정보의 출입에 장애가 생기고 기능이 저하되어 정상적인 의식 활동이 어렵게 된다. 일부 학자의 주장대로 정보가 두뇌에 저장된다면 만약 종교를 통해서 구원이나 깨달음을 얻은 후 사고나 치매에 걸려 기억을 잃어 버렸다면 죽은 후에 천국과 천당을 갈 수가 있을까? 이제 사람들은 종교에 대해서도 자명한 답을 요구하고 있다. 본질적인 질문에 답을 가지고 있지 않은 종교란 의심스러운 것이기 때문이다.

생명은 반드시 하드웨어와 소프트웨어가 결합된 형태로만 존재한다. 나란 정보는 오랜 기간의 진화를 통해 축적된 정보계 일부로 존재하는 것으로, 개인의 뇌 속에 존재하는 것이 아니다. 의식의 윤회는 모든 생명체에 공통된 것이다. 윤회는 보편적인 생명현상의 가장 기본적인 법칙이다. 육체의 진화는 언제나 영혼의 진화와 함께 이루어진다. 한번 생명계에 나타났다가 돌아갈 때마다 새로운 데이터[기억]이 더해져서 고등 동물의 영혼은 수십억 년을 두고 무량한 윤회를 반복한 결과, 수많은 생의 기억이 되풀이 기록된 방대한 정보를 가지고 있다. 또 매 시기 사용했던 육체가 다르기 때문에 정보의 기록 형태도 매우 다양하다.

이러한 방대한 정보는 에너지인 파동의 형태로 정보계에 저장되어있다. 세계는 우리의 인식 능력의 바깥에 파동으로서 거대하게 펼쳐져 있다. 우리가 보고 듣고 느끼는 세계는 물질의 파동이 만들어내는 정보 가운데서 극히 일부분만을 의식에서 오감이라는 필터로 여과하여 재조립해낸 것이다. 재조립의 과정은 개인에 따라 차이가 있고 본질에서도 신뢰하기 어려운 것이어서 과연 세계를 정확하게 인식하고 있는 것인지를 의심스럽게 만든다. 파동이야말로 세계의 실체이며 드러난 물질들은 의식의 창조물이라 여겨진다. 파동적 세계는 통합성과 전일성(全一性)의 세계이다. 우주 만물이 언제나 하나로 통합된 상태이며 전체와 부분이 같다는 의미로 우주의 어떤 작은 부분도 우주 전체를 포함하고 있다는 것이다.

이러한 전일성은 형태로 드러난 입자 세계인 시공간 내에서도 구현되는데 대표적인 예가 홀로그램 입체 영상이다. 촬영된 피사체의 형상이 공간상의 특정 위치에 입체적으로 나타나도록 하는 기술을 홀로그램 사진술이라고 한다. 홀로그램 촬영에서 확인된 정보의 저장과 재현의 메커니즘은 우주의 세계를 설명하는 훌륭한 방법이다. 피사체의 영상이 저장된 건판에 동심원 모양의 간섭무늬는 원래의 피사체의 형상을 그대로 재현해 낸다. 또한, 놀라운 성질은 건판의 아무리 작은 조각을 떼 내어 비추어도 거기에는 피사체 전부가 나타난다. 이런 홀로그램의 성질에서 파동이 만들어내는 간섭무늬는 극히 작은 일부분일지라도 전체의 정보를 담고 있음을 알 수 있다.

이는 우리의 의식 파동이 우주의 간섭무늬의 한 점과 이어져 있기만 하면 그것을 통해서 모든 우주의 정보와 연결될 수 있다는 사실이다. 이는 우주와 우리는 하나의 통합체이며 내가 우주라고 주장할 수 있는 근거가 된다. 입자는 혼합이 안 되지만, 파동은 하나로 공명할 때 나와 남을 구분하여 가를 수 없다. 내가 나란 개체성의 파동을 가라앉혀 우주의 파동과 공명을 하는 상태에 이룬 순간 본심을 체험하게 된다. 본심일 때 우리의 정신과 육신이 가장 원초적인 힘을 갖는다. 명상과 수련은 이 길(道)로 가는 수단이다.

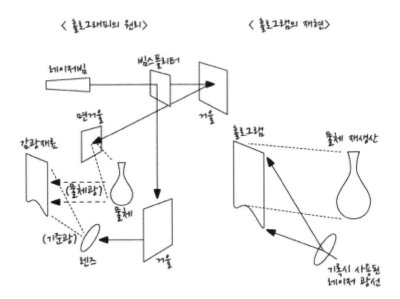

〈 홀로그래피의 원리〉　　　　〈 홀로그램의 재현〉

레이저빔　　　빔스플리터

면거울　　　　거울

감광재료

(물체광)　　　홀로그램　　　　물체 재생산

물체

(기준광)

렌즈　　　거울

기록시 사용된
레이저 광선

홀로그램

3부

천부경의 이치

3부. 천부경의 이치

천부경의 핵심사상

천부경의 핵심은 인간완성이다. 인간완성이 우주의 완성이고, 하늘의 뜻이 인간을 통해 구현되는 과정이 우주와 만상만물의 탄생과 변화과정이며, 이 모든 일체는 궁극의 목적인 인간완성을 위한 것이다. '인간완성'이란 전지전능한 존재인 하나님과 하나가 되는 것이다. 즉 인간이 하나님 창조주가 되는 것이 우주의 완성이며 인간완성인 것이다. 이러한 천부경의 큰 뜻을 이해하기 위해서는 근본의식의 존재를 알아야 한다.

천부경에서는 근본의식을 크고(太) 밝(陽)은 성품으로, 본래부터 스스로 존재하는 마음이란 뜻인 본심(本心)이라 한다. 이 존재가 진리이다. 그러면 어떻게 하면 이 마음의 존재를 알 수 있을까? 내 마음이 본심 자체가 되어야만 이 존재를 인식할 수가 있다. 진실한 믿음이란 대상과 마음이 하나가 되는 것이다. 예수님께서 '진실로 믿는 자만이 천국에 갈 수가 있다'라는 것은 형상을 보지 말고 마음으로 본심과 하나가 되라는 말씀이다. 그런데 왜 우리는 하나가 되지 못할까? 우리가 태어나 살면서 자연스럽게 생성된 나라고 여기는 마음이 이를 가리고 있기 때문이다. 에고인 개체마음을 비우면 본심이 드러난다. 이 존재를 아는 것이 깨달음이고, 성현들이 도달한 경지이며, 최고의 지혜 자리이다.

본심과 하나가 되면, 우리는 어디에서 왔는가? 우리는 무엇인가? 우리는 어디로 가는가? 에 대한 올바른 답을 얻을 수 있다. 나의 존재 이유와 가치를 알면 본심의 뜻대로 살게 된다. 이것이 가장 가치 있는 삶이고, 그러한 마음으로 사는 사람들이 사는 세상이 천국이고, 이들에 의해서 우주는 진화하고 완성된다. 본심과 하나가 되려면 어떻게 해야 하는가? 이것을 이루는 과정이 공부고, 수행이고, 명상이고, 기도이다.

본심의 목적

본심은 영원하고 불변하는 살아있는 존재다. 우리가 사는 세상의 현상을 세밀하게 관찰하면 본심의 뜻을 알 수 있다. 드러나는 일체는 본심의 표상이기 때문이다. 살아있는 생명체의 특징을 연구한 영국의 생물학자 찰스 다윈은 생명체의 진화이론을 '생존과 번식'이라는 두 명제로 집대성하였다. 생존을 위해서는 외부로부터 에너지를 얻어야 하고, 이를 위해 내부에서는 감각기관이 발달하고, 외적 대상과 이를 인식하는 감각기관을 효율적으로 통제할 의식이 발달하고, 이를 통해 정체성을 유지하고 발전시켜, 개체로서 유한한 삶을 극복할 복제품을 번식하여 영원함을 이어간다.

본심을 살아있는 생명체로 비유한다면, 본심의 목적을 유추할 수가 있다. 본심의 생존방식은 끝없는 변화[change]다. 극미의 에너지를 응축, 확산하여 물질이 현상계에 드러나는 순간 [빅뱅]서부터 확산의 에너지가 응축의 에너지로 전환되어 물질이 소멸할 때까지 한세상 동안에 본심이 창조한 세상은 끊임없이 변한다. 한순간도 멈추거나 역행하는 경우란 있을 수 없다. 본심의 에너지 장[field]에 담겨있는 세상 일체는 하나의 정보계로 구성된 통합체이다. 본심이 바로 무소부재의 존재이다.

다음 본심의 번식은 어떻게 이뤄질까? 생명체의 번식은 유전자의 복제로 이뤄진다. 유전자란 정보다. 본심의 정보란 한세상의 변화과정 일체다. 극미의 에너지인 허공은 무한 복제가 가능하나, 한세상의 모든 정보는 담는 저장고가 있어야 한다. 이 존재가 본심의 분신인 인간인 것이다. 즉 본심은 육체란 입출력장치를 갖추고 본심이 최

상위 버전으로 인스톨되어 있는 생명체인 인간이란 최고의 걸작품을 통해 무궁무진한 창조를 펼치고, 거둬들이고 저장하고, 또 창조하고 거둬들이기를 무한 반복하는 것이다. 이 세상은 초월적 의식인 본심이 펼치는 세계다. 우주의 창조원리와 인간의 꿈은 같은 메커니즘이다. 꿈은 의식이 만든다. 꿈의 구성에는 내용을 만드는 정보(天)와 사건의 배경(地), 그리고 틀림없이 등장하는 나(人)라는 3가지 요소가 필요하다. 꿈을 꾸기 전 깊은 잠을 잘 때는 거기에는 시간도 공간도 없다. 꿈에서는 대상과 내가 분리되어 전개되지만, 꿈의 모든 것은 내 의식이 만든 것이다. 꿈의 내용은 저장된 정보에서 크게 벗어나진 못할 것이다. 만약 본심이 꿈을 꾼다면 어떤 내용일까? 세상 모든 일체는 본심이 창조한 '본심의 표상'이므로 너와 나의 구분이 없다. 이원성이 존재하지 않으므로 모든 것이 본심과 하나이다. 주인공이 등장하지 않는 꿈은 없다. 이것이 인간이 우주에 생겨난 이유고, 인간이 갖는 가치이다. 조물주의 아바타인 내[人間]가 인과(因果)로 펼쳐지는 배경에서 수많은 사연을 겪으면서 차츰차츰 개체성을 극복하고 전체의식으로 진화하여 본심이 창조한 일체의 정보를 담은 그릇이 되는 것이다.

극미의 에너지가 물질로 드러나 배경이 형성되고, 이 유동적인 환경에서 삶을 살면서 수많은 사건이 생겨난다. 변화하는 환경에서 발생하는 사건들을 인식하는 감각은 점점 복잡해지고 세밀해 지면서 정보의 양과 질도 증가하고 발전한다. 감각기관을 통해 인식된 사건

정보들은 저장되고, 일정한 의식수준을 넘으면 서로 교환되며 전지(全知)해진다. 본심이 만상만물을 창조하고 무궁한 변화의 과정을 일으키며 도달하려는 궁극의 목적이 바로 인간이 한세상에 모든 정보를 담는 궤[匱:저장고]가 되는 것이다. 전능(全能)한 본심과 전지(全知)한 인간의 결합이 우주완성이고 인간완성인 것이다. 이것의 여정이 한세상이다.

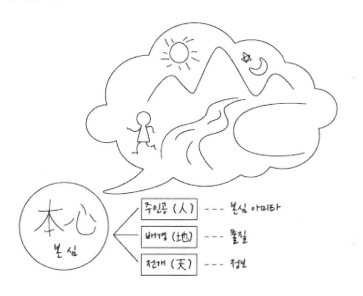

세상의 구성요소

진화의 알고리즘

시간의 본질을 밝히는 것은 지극히 복잡한 문제다. 시간은 보이지도 잡히지도 않는다. 다만 시간의 존재는 물질의 변화를 전제로 성립한다. 만약 이 세상에 물질이 일체 없다면 시간이란 무의미하다. 서양의 기독교는 직선적 시간관이다. 인간이 탄생하고 성장하여 죽음에 이른 후 영원한 세계로 나간다. 사후세계에서도 시간은 영원히 계속된다. 반면 동양의 윤회사상은 원형적 시간관을 토대로 한다.

천부경의 시간관은 순환하는 동시에 앞으로 나가는 혼합형이다. 이는 마치 나무가 성장하면서 그려내는 나이테로 비유할 수 있다. 순환하는 계절의 변화로 나이테는 점점 쌓이면서 어린나무에서 거목으로 성장한다.

인류가 이 행성을 지배하게 된 것은 지능과 도구제작 능력이 진화된 덕분 아닐까? 그런 것 같지는 않다. 역사기록을 살펴보면 인간 개개인의 지능 및 도구 제작능력과 인류라는 종의 힘 사이에 직접적인 관련성이 나타나지 않기 때문이다. 2만 년 전의 인간은 아마 오늘날의 인간보다 평균적으로 지능이 더 높고 기술도 더 뛰어났을 것이다. 돌촉을 붙인 창으로 매머드를 사냥하던 인류가 2만 년 만에 우주선으로 태양계를 탐사하게 된 것은 더 능란한 손재주나 더 큰 뇌 덕분이 아니었다.

우리가 세계를 정복한 주요 요인은 여럿이 소통하는 능력이었다. 호모 사피엔스가 여럿에서 유연하게 협력할 수 있는 지구상의 유일한 종이기 때문이다. 지능과 도구 제작 능력도 분명 중요했다. 하지만 여럿에서 유연하게 협력하지 못했다면, 우리는 정교한 뇌와 능란한 손으로 우라늄 원소가 아니라 아직도 부싯돌을 쪼개고 있을 것이다.

　이러한 협력을 가능케 한 것이 언어와 문자이다. 언어로 소통을 하고, 문자로 한정된 뇌의 기억용량을 극복할 수 있게 되면서, 인간은 구성원들 간에 유기적인 네트워크가 가능해지면서 거대한 집단이 생겨나고, 경제, 법률, 종교, 문화, 예술 등과 같은 무형의 정보체계들이 인간의 의식 속에 인스톨되었다. 인간의 역사는 이 통솔권을 가지려는 집단 간의 사건이다. 인간들은 이 지배권을 장악하고 유지하기 위해서, 이를 뺏고 약화시키고 없애려고 많은 희생을 치렀다. 오늘날에 이 지배력은 정보를 다루는 거대한 다국적기업에게 옮겨가고 있다.

　4차 산업혁명의 핵심 키워드는 융합과 연결이다. 정보통신기술의 발달로 전 세계적인 소통이 가능해지고 개별적으로 발달한 각종 기술의 원활한 융합을 가능케 되었다. 이처럼 4차 산업 혁명의 특징은 연결성, 지능성, 예측 가능성이다. 사람과 사물, 사물과 사물이 인터넷 통신망으로 연결하고 이로 인해 생성된 막대한 데이터를 분석하여 일정한 패턴 파악하고, 이 분석 결과를 토대로 인간의 행동을 예측하려는 일련의 단계를 통해 새로운 가치를 창출해 내는 것이 바로 4차 산업 혁명의 특징이다.

　이렇듯 연결과 소통은 인류문명의 진화를 이룩하게 한 일정한 패턴이다. 박물관에 전시된 자동차나 비행기의 초기 발명품과 현재 제작된 제품과 비교하면서도 이 패턴을 읽을 수 있다. 마치 나이테가 해를 거듭하면서 늘어나듯, 완성을 향한 진보 지향성이다.

천부경은 인류가 지금까지 쌓아온 문명의 진보를 연결과 소통의 누적이며, 이를 지향하는 방향성과 추진력이 본심의 뜻임을 명확히 밝히고 있다. 이러한 과정을 외부의 관점으로 보면, 외부의 것들을 모아서 자기의 정체성을 확고히 하고, 힘을 배양하면서 영향력을 키워나가는 일련의 작용이 중력과 유사한 '끌어당김'이다. 외부의 에너지를 모아 응축시키고 이를 견고히 한다. 내부의 관점으로 보면, 영향력을 점점 확장하며 연결된 대상들을 통제하고 점령하려는 '확산'의 양면성을 지니고 있다. 이것이 본심이 세상을 창조하고 진화하고 완성해가는 규칙과 절차이다.

인간의 뇌는 크게 파충류 뇌, 포유류 뇌, 영장류 뇌의 세 부분(3층)으로 이루어져 있다. 이는 뇌의 진화와 밀접한 관련이 있다. 파충류 뇌가 변해서 포유류, 포유류 뇌가 변해서 영장류 뇌가 된 것이 아니라 파충류 뇌를 포유류 뇌가 덮고 그 위에 영장류 뇌가 덮고 있다. 3개의 뇌는 어느 정도 협동해서 일하지만 서로 떨어져 독립적인 기능을 한다. 첫 번째 부위인 1층은 의지를 담당하는 이 부위를 '생명의 뇌' 또는 '파충류 뇌'라고 부른다. 두 번째 부위는 후뇌 바로 위에 있는 중뇌[중간뇌]다. 중뇌는 위아래로 모든 정보를 전달해 주는 중간 정거장 역할을 하며, 감정 기능을 담당하고 있다. 감정 표현은 파충류에게는 발달하지 않은, 포유류만이 가진 고유의 행동이기 때문에 '감정의 뇌' 또는 '포유류 뇌'라고 부른다. 세 번째 부위는 대뇌 피질부가 있는 전뇌(앞뇌, forebrain)로 가장 최근에 진화한 것이다. 전뇌는 고도의 정신 기능과 창조 기능을 담당하고 있는, 인간만이 가진 인간의 뇌이기 때문에 '인간의 뇌' 또는 '이성의 뇌'라고 부른다. 또한, 이 부위는 생각이란 기능으로 학습과 기억을 하는 중요한 뇌 부위이다. 대뇌 피질부가 발달한 덕분에 우리 인간은 오늘날과 같은 인류 문명을 창조하게 되었고 만물의 영장으로 군림하여 세계를 제패할 수 있게 되었다. 이렇게 뇌는 주요한 3가지로 구분되는데 인간의 행동에 가장 큰 영향을 미치는 순서는 "파충류의 뇌 → 포유류의 뇌 → 인간의 뇌"라는 것이다. 따라서 인간완성을 위한 긴 장정은 뇌의 진화와 밀접한 관련이 있다. 마치 나이테가 쌓이듯이 순서대로 토대가 갖춰져야 다음 단계의 구성이 원활하게 이뤄질 수 있기 때문이다.

생존의 시대

과학이론에 의하면 지구상에 모든 살아 있는 것들은 단일한 유기체로부터 유래했다고 한다. 이상하게 들리겠지만 15억 년 전에는 인간과 바나나가 같은 조상이었다는 뜻이다. 생물학자들은 불과 700만 년 전에 98%의 유전자가 인간과 같은 침팬지와 인간이 공통조상을 가지고 있다고 확신한다. 인류는 약 250만 년 전 동부 아프리카의 오스트랄로피테쿠스에서 진화했다. 이들은 고향을 떠나 여행을 시작해 북아프리카, 유럽, 아시아의 넓은 지역에 정착했다. 이 시대는 수렵채집의 시대로 인간 종속기간의 대부분을 차지한다. 그래서 현대인의 사회적 심리적 특성을 수렵채집 마인드에서 기인한다고 주장한다. 인류는 이전의 어떤 세대와 비교하더라도 물적 자원이 풍부하고 수명도 길어졌지만, 이 환경이 또한 우리를 소외되고 우울하고 압박받는다고 느끼게 만든다. 가령, 왜 몸에 좋을 것 없는 고칼로리의 음식을 게걸스럽게 먹는 것일까? 오늘날에 풍요사회는 비만이라는 악성 전염병으로 신음하고 있다. 척박한 환경조건에서 생존을 위해 고칼로리 식품을 탐하는 수렵채집인 조상이 지녔던 식습관의 본능이 우리의 유전자에 새겨져 있기 때문이다. 생존을 위해서 환경조건이 중요한 선택사항인 수렵채취인들은 삶의 대부분을 먹을거리를 찾아 여기저기 떠돌며 길 위에 삶을 살았다. 그들의 구성원은 소규모였으며 이동을 위해 소유한 물품도 매우 적었다. 평범한 수렵채집인이더라도 주변 환경에 대한 많은 정보를 알고 이를 공유했다. 살아남으려면 지형지물에 대한 상세한 마음속 지도가 필요하고, 식량을 찾는 일의 효율성을 극대화하려면 식물의 성장패턴과 동물의 습성을 잘 알아야 한다. 계절이 어떻게 흐르고, 폭풍우나 건기의 주기를 예측할 수가 있어야 하고, 개인마다 돌칼 만드는 법, 토끼 덫을 놓는 법, 눈사태에 대처하는 법, 뱀에게 물리거나 배고픈 사자를 만났을 때 대처하는 법을 알아야 했다. 이 시대에서 생존하려면 뛰어난 지적 능력과 강인한 신체를 지녀야 했다. 수렵채집인들은 주변의 동물, 식물, 물건뿐 아니라 자기 신체와 감각이라는 내부세계에 대해서도 완벽히 터득했다. 자연 친화적인 삶이었다. 신체를 다양한 방식으로 계속 사용한 덕분에 마라톤 주자처럼 건강했다. 그들에게서 공간과 환경변화는 극복하고 저항하고 이겨낼 대상이 아니라 적응하고 이용하고 수용해야 하는 조건이었다. 수렵채집인들의 생활이 어떠했는지를 전체적으로 파악하기란 어려운 일이다. 그들의 종교와 사회구조는 매우 다양했을 거로 추측하고 있다. 방랑하는 무리의 생존을 위한 활동은 행성의 생태계를 크게 변화시켰으며, 가장 파괴적인 힘으로 많은 동물을 지구상에서 사라지게 했다. 이 시대를 통해서 인간의 뇌 중에서 생존의 영역을 담당하는 파충류의 뇌가 치밀해지고 성숙되었다. 이것이 다음 단계인 포유류 뇌의 원활한 진화를 위한 기저층으로, 인간완성 프로그램 과정에서 단단한 디딤돌이 놓인 시기였다.

감정의 시대

인간이 250만 년간 먹고살기 위해 사냥했던 동물과 채집했던 식물은 스스로 자라고 번식한 것이었다. 거기에 인간의 개입은 없었다. 야생식물을 채취하고 야생동물을 사냥하면서 사는 방식으로 잘 먹고 살 수 있었다.

이 모든 상황은 대략 1만 년 전에 달라졌다. 이때부터 인류는 거의 모든 시간과 노력을 몇몇 동물과 식물 종의 삶을 조작하는 데 바치기 시작했다. 인간은 해 뜰 때부터 해 질 때까지 씨를 뿌리고 작물에 물을 대고 잡초를 뽑고 좋은 목초지로 양을 끌고 갔다. 이런 작업을 하면 더 많은 과일과 곡물과 고기를 얻게 되리라고 생각했다. 인간이 생활하는 방식의 혁명, 즉 농업혁명이었다.

농업혁명은 안락한 새 시대를 열지 못했다. 그러기는커녕, 농부들은 대체로 수렵채집인들 보다 더욱 힘들고 불만스럽게 살았다. 수렵채집인들은 그보다 더 활기차고 다양한 방식으로 시간을 보냈고 기아와 질병의 위험이 적었다. 농업혁명 덕분에 인류가 사용할 수 있는 식량의 총량이 확대된 것은 분명한 사실이지만, 여분의 식량이 곧 더 나은 식사나 더 많은 여유시간을 의미하지는 않았다. 평균적인 농부는 평균적인 수렵채집인 보다 더 열심히 일했으며 그 대가로 더 열악한 식사를 했다. 농업노동은 너무나 많은 시간이 필요했으며 노동으로 인한 수많은 병이 생겨났다. 사람들은 영구히 정착해야 했으며, 인간은 전적으로 곡물 재배에 의존하게 됨으로써 인류의 삶은 영구히 바뀌었다. 농부의 삶은 불안정했다. 대부분 식량을 극소수의 작물에 의존했기 때문에 비가 내리지 않거나, 병이나 해충이 창궐하면 농부들은 수천 수백만 명씩 죽어 나갔다. 농부들은 경작할 토지가 필요하다. 토지는 삶의 원천으로 토지를 잃는 것은 생사가 걸린 문제였다. 이를 지키고 뺏기 위한 전쟁은 인류 역사에서 멈춘 적이 없었다.

수렵채집인들은 미래를 중요하게 생각하지 않았는데, 왜냐하면 그들은 하루 벌어 하루 먹는 데다 먹을거리나 소유물을 저장하기가 어려웠기 때문이다. 농업혁명 덕에 미래는 어느 때보다 중요해졌다. 농부들은 언제나 미래를 의식하고 그에 맞춰서 일해야 했다. 농업경제의 생산 사이클은 계절을 기반으로 했다. 몇 개월에 걸쳐 경작하고 나면 짧고 뚜렷한 수학 기가 뒤따랐다. 식량은 오늘, 다음 주, 다음 달까지 충분했지만, 곧바로 다음 해와 그다음 해 먹을거리까지 걱정 해야 했다. 또한, 가뭄 홍수 병충해와 같은 자연재해로 인해 수확량 은 늘 불확실했다. 농민의 삶은 늘 불안했다.

농부들이 생산한 잉여식량이 새로운 수송 기술과 합쳐지자 더욱 더 사람들이 모여 더 큰 마을을 이룰 수 있었고, 거대한 도시가 생겨 났다. 잉여농산물의 덕택으로 새로운 직업이 생겨나고, 그 결과 새로 운 역할이 출현했을 뿐만 아니라 새로운 형태의 계급 질서가 생겨났 다. 권력자들이 더욱더 많은 자원을 축적하고, 이를 지속해서 추적 감시하는 과정에서 문자가 출현하게 되었다. 지배계급이 농민들로부 터 빼앗은 잉여식량은 정치, 전쟁, 예술, 철학의 원동력이 되었고, 자 기들을 위한 왕궁과 성, 기념물과 사원을 지었다. 근대 후기에 이르 기까지 인류의 90%는 아침마다 일어나 구슬 같은 땀을 흘리며 땅을 가는 농부였다. 그들의 잉여생산이 소수의 엘리트를 먹여 살렸다. 이 들은 농부가 생산한 잉여식량으로 먹고살면서 농부에게는 겨우 연명 할 것밖에 남겨주지 않았다. 이들을 지탱한 것은 엄청난 인구의 농민 이었고, 그들 대부분은 주요 도시 밖에서 거주했다. 왕, 정부관료, 군 인, 사제, 예술가, 철학가 등. 역사책에 기록된 것은 이들 엘리트의 이야기다. 인류가 자연과의 공생을 내던지고 탐욕과 소외로 달려간 농업혁명은 맨 처음 의도와는 달리 인간에게 기아와 역병 그리고 전쟁이란 가혹한 시련의 장으로 내몰았다. 농업시대에는 인간을 위협하는 요인은 외부에 있었다. 자연재해, 전쟁, 전염병, 정치권력, 종교 등은 인간에게 많은 감정을 일으키는 자극제였다. 미래에 대한 불확실성은 불안 근심 걱정을, 삶을 위협하는 전쟁과 전염병은 두려움과 공포를, 폭정과 가혹한 징벌과 징수는 복종과 열등감 아첨 교활 등과 같이 감정을 일으키고 단련시키는 요인으로, 이런 감정체험은 인류가 반드시 통과해야 할 신병훈련과 같은 진화과정이다.

욕망의 시대

성서에 '공중의 새를 보라. 심지도 않고 거두지도 않고 창고에 모아들이지도 아니하되 너희 하늘 아버지께서 기르시나니 너희는 이것들보다 귀하지 아니하냐' 내용처럼 자연과 하나 되어 살던 에덴동산을 떠나 인류는 노동이란 커다란 굴레를 짊어지고 욕망이라는 열차를 타려고 안간힘을 쓰면서 거대한 감정의 소용돌이에 빠져들었다.

지난 500년 동안 세계는 완전히 변형되었다. 1519년과 1522년 사이에, 마젤란이 이끄는 포르투갈 선박이 최초로 전 세계를 여행했다. 세계의 장벽이 허물어지고 이로 인한 교환 네트워크의 규모와 다양성이 급속도로 팽창하면서 다양한 각 권역의 식물, 동물, 관습, 상품, 정보들이 교환되기 시작하였다.

1500년 이후, 교환 네트워크가 세계적인 규모로 팽창하면서 모든 지역에서 통상과 시장의 중요성이 증대되었고, 사회는 급속히 변형되기 시작했다. 1700년대에 제임스 와트의 증기기관 발명은 인류의 삶을 혁명적으로 변화시킬 에너지 진화의 시작을 알렸다. 증기기관은 직물과 많은 다른 상품을 산업적 규모로 생산하는 것에 활용되기 시작했다.*철도와 증기선의 발명으로 운송 역시 혁명적으로 변화하기 시작했다. 이어서 내연기관의 발명은 석유와 천연가스를 동력으로 이용할 수 있게 되었다. 산업혁명은 부와 권력의 국제적 균형의 변모를 일으켰으며, 산업화로 이룬 부와 현대화된 군사력으로 아시아 아프리카는 여러 식민지로 분할되었다. 제국을 건설하면서 쌓인 갈등은 파괴적인 세계대전으로 치달았고 수백만 명이 목숨을 잃었다.

인류의 역사를 재화의 생산과 분배의 경제적 관점에서 볼 때, 현재 인류의 대부분은 생산 수단을 가진 자본가 계급이 노동자 계급으로부터 노동력을 사서 생산 활동을 함으로써 이익을 추구해 나가는 경제 구조체제인 자본주의(資本主義: Capitalism) 시대에 살고 있다. 현대 세계는 농민이 아닌 임금노동자의 세계이다. 자본의 쉼 없는 이윤추구와 끝없는 축적을 동력으로 인류는 물질적인 혜택을 누리고 있다.

자본주의는 욕망을 끊임없이 찬미하고 빈곤함을 천시한다. 현대는 욕망의 시대다. 오늘날 더 많은 상품, 더 많은 사람, 더 많은 정보, 더 많은 화폐가 인류의 역사에서 전례 없이 세계를 돌아다니고 있다. 인터넷은 전 세계에 걸쳐 수억 명의 사람들 간에 즉각적인 커뮤니케이션을 제공하고 있다.

탐욕은 성장의 원동력으로, 선한 힘이라는 확신을 부추기며 탐욕을 억제하던 오래된 규율들을 없애버렸다. 인간이 자연에서 필요한 자원을 채굴하고, 시간의 제약 없이, 이를 가공하고 조합하여 물건을 생산하기 시작하면서, 욕망의 불이 붙기 시작하였다. 농업시대에도 가축의 이용, 철재 농기구의 발명으로 생산량이 증가하였지만, 자연의 순환을 거슬릴 수는 없었다. 이제 인류는 수억 년의 시간에 걸쳐 생성된 자원들을 첨단의 기술문명으로 채굴하여 무한정 소비하고 있다. 이를 이해하는 한 예로 구석기 시대의 인간이 하루 평균 에너지양이 2,000~3,000kcal였다면, 현재인은 약 20만kcal를 소비하고 있다. 자본주의 경제체계로 인류의 삶의 질은 비약적으로 발전하여, 농경시대에 귀족들조차 꿈꿔보지 못했던 생활수준을 누리고 있다. 그럼 우리는 지금 행복한가? 어둡고 축축한 동굴 속에서 밤하늘의 별들을 보면서 사냥한 식량을 나눠 먹는 수렵채집인들 보다 냉 온방으로 쾌적한 아파트에 휴대폰, UHD TV, 가공식품으로 꽉 채워진 냉장고, 지하실의 고급승용차를 지닌 현대인들이 훨씬 행복할까?

감정은 외부 자극에 대해서 반응하는 주관적인 느낌으로 시기, 질투, 열등감, 교만, 우울, 초조, 짜증, 권태, 분노, 허영심 등은 외부 자극에 대한 주관적인 느낌이다. 이 느낌은 남과의 비교라는 블랙박스를 통과하며 일어난다. 자기중심적인 집착의 감정 덩어리인 블랙박스는 항상 남과의 비교로 행복을 저울질한다. 이것을 충족하면 또 다른 욕심이 일고, 우리의 만족과 욕망은 멈추질 않는다. 더 크고, 더 좋고, 더 많이, 더, 더, 더.

사회체계의 진화

인류의 역사 전체를 다섯 가지 단계로 구분한 마르크스는 역사를 원시공산사회, 고대노예사회, 중세봉건사회, 근대자본주의와 공산주의 사회방식으로 진화한다고 주장했다. 자본주의 사회가 내적 모순으로 붕괴한 이후에는 경제적 평등이 달성되는 공산주의 사회가 올 것이라고 예언했다. 하지만 현시점의 결과만 놓고 본다면 그 예언은 빗나간 것처럼 보인다.

이러한 시대구분은 경제와 연계되어 있다. 실제로 마르크스는 경제를 하부구조로 두고, 역사, 정치, 사회, 문화, 의식 등 경제를 제외한 나머지를 상부 구조로 규정한 다음, 하부구조가 상부구조를 결정한다는 '하부구조 결정론'을 제시했다. 쉽게 말해서 경제의 모습이 바뀌면 역사도, 사회도, 문화도 모든 것이 바뀐다는 것이다.

본심의 세상 창조원리도 이와 유사하다. 우선 모든 생명체가 삶을 영위할 공간, 즉 환경이란 조건이 만들어진 후에 생명체가 등장한다. 성경의 창세기도 이와 같은 진행과정을 나열하고 있다. 본심은 공간의 조율을 통해서, 개체에 내재된 생존과 번식이란 프로그램을 작동하고 발현시켜, 다양한 종의 출현과 진화를 진행하고 발전시킨다. 이 변화과정이 창조주의 생존방식이고, 우주의 목적은 또 다른 우주를 탄생시키는 것이다. 인간은 창조주의 분신으로, 본심은 인간을 통해 세상을 보고, 알고, 느끼고, 체험한 일체의 변화과정을 담아 저장할 수가 있다. 완성된 인간은 우주의 씨앗인 것이다.

흥미로운 사실은 뇌의 진화과정과 역사의 진행과정이 공통으로 생산수단과 연계되어 있다는 것이다. 생산수단이 자연이고 가공 없이 야생에서 의식주를 해결하던 수렵채집인들의 생존위주의 생활 방식은 파충류 뇌를 활성화하고 단련시키는 시기로 원시공산사회와 연계된다.

농업시대는 잉여농산물의 소유와 배분의 지배주체를 왕과 신으로 구분하여, 노예와 봉건시대로 구분한다. 경제에서 생산수단이 대부분 토지를 경작하는 농업에 국한되어 있었고, 대다수 농민들은 자신들이 지은 농산물을 권력자들에게 빼앗기고, 기아 질병 전쟁 등을 겪으면서 불공정한 조건 속에 어렵고 힘든 삶을 살았다.

상업이 발달하고 이를 이용해 부를 축적한 상인계층이 등장하면서, 근대에 출연한 공장과 자본이라는 생산수단이 중세의 생산수단인 장원을 대체 하였다. 생산수단이 변경되었으니 생산수단을 소유한 지배계급도 왕과 영주에서 부르주아로 이동했다.

산업혁명으로 탄생한 공장은 기계와 분업을 통해 대량으로 물건을 만들어냈다. 이렇게 쏟아져 나온 막대한 양의 생산물이 화폐경제를 만나면서 필연적으로 자본주의가 탄생했다. 자본주의 특성은 '공급량이 언제나 수요량보다 많다'는 것이다. 이러한 자본주의를 유지해주는 요소로 전쟁과 유행을 들 수 있다. 이를 해결하기 위해 산업화한 국가들은 시장을 차지하기 위해 세계를 점령하고 식민지를 만들고 세계대전을 일으켰다. 유행은 필요를 뛰어넘는 막대한 소비를 창출해서 공급과잉 문제를 해결하기 위한 필사적인 수단이다. 충분히 사용할 수 있는 옷과 핸드백들이 매년 옷장 구석에 쌓여가거나 쓰레기통으로 향한다. 눈뜨는 순간부터 잠자리에 들 때까지 우리는 상품광고로부터 한 걸음도 벗어날 수가 없다. 물건을 교환하기 위해 만들어진 화폐가 욕망을 충족시키는 최고의 가치로 인간의 마음을 지배하고 있다. 이로 인해 갖가지 사회 병리 현상들이 생겨나고 있으며, 가속화 되는 부의 집중은 계층 간의 갈등을 고조시키고 사회를 분열시키면서 삶의 가치를 떨어뜨리고 있다. 이러한 외적인 요인들은 다양한 감정들을 활성화 시키는 조건으로 포유류 뇌의 진화와 연계되어 있다.

이제 인류는 창의적 기술 없이는 생존하기 어려운 4차 혁명 시대를 맞이하고 있다. 앞으로 펼쳐질 제4차 산업 혁명에서는, 인간이 할 수 있는 거의 모든 일이 기계와 인공지능에 의해 대체되리라는 것이 대부분 전문가의 의견이다. 특히, 인간이 두뇌를 써서 수행하는 일의 대부분이 장기적으로 인공지능으로 대체될 가능성이 높다. 이에 대응하기 위해서는 기존의 지식 습득방식에서 벗어나 창의성과 융합성 및 문제해결 능력 등과 같은 역량을 갖춘 인재들이 대거 필요하게 되었다. 인류의 미래는 인간이 기술 시스템의 부품이 아니라 기술의 주인이 되도록 해야만 한다.

4차 혁명 시대에는 세 번째 부위인 전뇌를 활성화 시켜야 한다. 대뇌 피질부가 있는 전뇌(앞뇌, forebrain)는 가장 최근에 진화한 것이다. 전뇌는 고도의 정신 기능과 창조 기능을 담당하고 있는, 인간만이 가진 인간의 뇌이기 때문에 '인간의 뇌' 또는 '이성의 뇌'라고 부른다. 또한, 이 부위는 생각이란 기능으로 학습과 기억을 하는 중요한 뇌 부위이다. 인간의 행동에 가장 큰 영향을 미치는 순서는 "파충류의 뇌 → 포유류의 뇌 → 인간의 뇌"라고 한다. 만약 이 순서가 반대 방향이었다면 인간은 매우 합리적이고 감정에 쉽게 영향을 받지 않겠지만 아쉽게도 인간은 본능과 감정에 너무 쉽게 흔들리는 존재이다. 이를 억제하고 통솔하려면 영적인 도약이 꼭 필요하다. 이것이 인간완성으로 가는 과정[道]이다.

과학의 진화

현대인들에게 과학만큼 신뢰받는 분야는 없을 것이다. 과학을 연구하는 방법인 실험과 관찰이란 방법론이 과학을 다른 학문과 비교해서 더 객관적이고 진리에 가깝다고 생각하기 때문이다. 과학자들은 세상은 법칙에 따라 한 차의 오차도 없이 정확하게 움직이므로, 물리적 조건에 대해 정확히 알 수만 있다면 과거와 미래를 정확하게 예측할 수 있다고 주장한다.

고대와 중세기간에 인류의 진보가 더디었고, 반대로 근현대에 이르러 인류가 급격한 발전을 이룩할 수 있었던 것은 과학적 방법론의 유무 때문이다. 전근대 시대의 철학과 종교는 실험과 관찰이라는 기초적인 검증조차 거치지 않았기 때문에 오류 가득한 결론으로 인류를 혼란에 빠뜨렸다. 과학의 아버지로 불리는 갈릴레이가 로마 카톨

릭으로부터 지동설을 포기할 것을 강요받은 일화는 너무도 유명하다. 갈릴레이가 과학의 아버지로 불리는 건 실험과 관찰이라는 과학적 방법론을 사용해서 이론을 정립한 첫 번째 인물이기 때문이다.

이처럼 과학의 역사는 실험과 관찰을 실행할 수 있는 실험도구와 관찰도구, 즉 도구의 발명과 궤를 같이한다. 갈릴레이는 1609년에 직접 제작한 망원경을 이용하여 달 표면이 울퉁불퉁하고 목성에 위성이 존재한다는 사실을 발견했다. 그전까지는 천체의 관측을 전적으로 육안에 의존해야 했다. 1929년 미국의 에드윈 허블(Edwin Hubble)은 윌슨산 천문대의 천체망원경으로 멀리 떨어진 은하일수록 빠르게 멀어져 간다는 허블의 법칙을 발견한다. 이것이 현대 우주론의 기초라 할 수 있는 빅뱅이론의 시작이다. 망원경은 이후 많은 발전 단계와 다양한 형태를 보이며 진화됐고, 과학자들은 망원경으로 우주와 인류의 기원에 대한 실마리를 푸는 우주에 대한 연구를 수행하고 있다. 미시세계를 열어준 현미경이란 관찰도구는 과학발전에 엄청난 기여를 하였다. 양자역학이 시작된 것도 관측도구의 발전으로 원자 이하의 세계에 대한 관측이 가능해졌기 때문이다. 입자 가속기(粒子加速器)란 장치도 물질의 미세 구조를 밝히기 위해 원자핵 또는 기본 입자를 가속, 충돌시켜 관측을 통해 물질의 미세 구조를 판명하고자 하는 관찰도구이다.

인간의 관측도구인 오감의 영역은 매우 제한적이다. 가시광선, 가청범위는 자연계 일부만을 인식할 수 있는 매우 협소한 인간의 인식범위이다. 인류는 이런 제약을 관찰 도구를 발명하고 발전시켜 관찰대상을 인식 가능한 영역으로 끌어들였다.

과학의 발전은 인간의 인식범위를 우주의 탄생비밀 영역인 미시의 세계로 확대하고 있다. 반도체의 집적도, 양자컴퓨터, 나노공정, 핵융합에너지 등은 이론과 기술은 미시의 세계에 관련된 것이다. 수조 원을 들여 설치한 입자가속기가 그 배경에 있지만, 세상에서 가장 기본이 되는 물질에 대해 과학자들은 아직 명쾌한 답을 내놓지 못하고 있다. 관찰이란 행위는 빛이 물질에 반사되어서 눈에 도달하는 과정을 의미한다. 특히 미시세계에서 존재를 확인하려면 관찰대상과 관측도구 인식이란 3단계의 과정을 거쳐야 한다. 진리인 본심은 극미의 에너지다. 이를 인식하려면 대상과 인식이 하나가 되어야만 가능하다. 어떠한 첨단장치로도 이를 확인하기란 어려울 것이다. 내 의식이 온전히 진리상태에 이르렀을 때 이를 보고 알 수가 있다. 이것이 인간의 뇌가 가장 활성화된 상태이다. 이럴 때 보이는 배후의 존재가 모든 것의 근본이며 모든 것이 하나임을 알게 된다.

인간만이 자연에서 필요한 물질을 선별하여 뽑아내고, 성분을 결합해 새로운 물질을 만드는 유일한 종족이다. 과학이 이를 가능케 했고, 이를 기반으로 인류문명은 비약적인 발전을 이룰 수 있었다. 이를 이끈 가장 큰 동력은 인간의 욕망이었다.

네덜란드 과학자 파울 크뤼천(Paul Crutzen)은 1800년 이후 지구가 인류세(Anthropocene)라고 부르는 전적으로 새로운 지질시대에 진입했다고 주장한다. 인류세는 지난 40억 년 동안 처음으로 하나의 종이 생물권에서 변화의 지배적인 추동력이 된 시기이다. 1900년 이후, 인류의 수는 4배로 증가했고 사용에너지는 16배 증가했다. 화석연료 사용으로 수억 년 동안 묻혀있던 탄소를 방출하여 대기를 변형시키고 있으며, 새로운 인공 화학물질의 남용은 생물권의 화학 구성을 변화시켜 자연의 순환방식을 변화시켜 생태계를 위협하고 있다. 이러한 변화의 속도는 가속이 붙어서 소비증대에 따른 자원의 고갈, 다른 종의 멸종 가속화, 무기의 파괴력 증대, 해양의 산성화, 온실가스 방출로 인한 지구 온난화로 인류는 생존을 위협할 수도 있는 심각한 도전에 직면하고 있다.

인류는 새로운 기술, 새로운 정보, 새로운 해결책을 만들어 낼 수 있는 능력과 이를 집단학습의 힘으로 다양한 숙련기술과 지식을 익힐 수 있으며, 이를 연결할 수 있는 인터넷, 복잡한 운송 네트워크, 세계적인 미디어, 국제적인 가업과 기관들을 통해 글로벌하게 연결되어 있다. 인류는 역사의 어느 때 보다 전쟁과 폭력이 낮으며, 건강하고 기대수명도 늘어났으며, 좋은 교육을 받을 기회도 많으며, 많은 정부가 국민에 의해서 선출되고 있고, 국민의 권리와 복지가 향상되고 있다. 아마도 인류 역사에서 가장 좋은 시기에 살고 있다고 주장할 수도 있다. 앞으로 인류는 오늘날보다 더 풍요롭고 더 행복하고 더 건강한 삶을 누릴 수가 있을까? 혹은 자원의 고갈, 종교 지역 인종 간의 분쟁, 빈부의 격차, 파괴된 환경의 압력 등으로 붕괴할까?

인류는 큰 문제에 직면해 있다는 것이 확실한 사실이다. 천부경에서는 이러한 문제를 해결할 놀라운 능력이 우리의 내면에 있음을 알리고 있다. 이를 일깨우려면 욕망의 포유류 뇌에서 공감과 지혜를 발현하는 인간 뇌가 활성화되어야 한다. 바야흐로 영성의 시대가 도래하고 있음을 예견하고 있다.

종교의 진화

종교의 뜻을 풀이하자면, '으뜸 종(宗)'에 '가르칠 교(敎)'를 사용한다. 즉 으뜸의 가르침이라는 뜻이다. 으뜸의 가르침이란 '일체가 하나구나'이다. 이는 진리를 체득하면 알게 되는 신성한 느낌이다. 우리는 진리를 알려고 애써왔다. 왜냐하면, 인간에게 가장 중요한 내가 어디서 왔으며, 어떻게 살아야 하고, 어디로 가는가에 대한 답을 얻고자 했기 때문이다. 종교는 그 어떤 학문 분야보다 이에 대한 직접적인 답변을 제시해준다. 어느 종교의 창시자도 기존의 사상, 종교, 율법, 학문을 배우고 익히지 않고 자기의 사상적 체계를 이룰 수가 없다. 아무리 영성이 뛰어나도 배움이 빈약하면 창의력을 발휘할 수가 없다. 창의성의 전제 조건은 공부의 양이다. 배움의 정보량이 임계치를 넘어서야 창의력이 발휘된다. 성현들 삶의 공통점은 기존의 사상과 수행에 깊이 몰두하여 혹독한 단련과 치밀한 숙성과정을 거쳤다는 것이다. 이론과 체험이 양립되지 않으면 힘을 낼 수가 없다. 성현들의 가르침은 이 바탕에서 이뤄졌다. 그것이 진리의 권능인 것이다.

그러나 종교는 그 답변에 대한 객관적인 근거를 제시할 수 없다는 문제점을 가지고 있기에 독단과 배타성으로 변질될 가능성을 늘 지니고 있다. 그 이유는 이러한 문제에 대한 답을 구하는 것이 누군가와 토론하거나 검증할 수 없는, 혼자서 깨닫고 이해해야만 하는 지극히 주관적 체험의 영역이기 때문이다.

우리는 이 몸과 마음만이 나라고 생각하고 나를 위해 살아간다. 깨달음은 이 생각을 철저히 깨트린다. 나란 존재는 생각으로 만든 하나의 허상덩어리에 불과하고, 이를 걷어버리면 '천지와 내가 하나가 되었다'를 체득한다. 나는 없어져 버리고 오로지 무한한 허공과 이를 인지하는 순수한 알아차림의 의식만 남는다. 이 상태를 깨어있다고 하고, 이 의식으로 사신 분들의 행적과 말씀을 믿고 따르는 무리에 의해서 종교가 시작된 것이다. 종교의 율법, 국가의 법(法), 사회 관습의 가장 기본철학은 일체가 하나임을 전제로 제정된 것이다. 선과 악의 구분도 같다. 근본이 하나임을 무시하고 자가만을 위해 남을 해하는 것을 악으로 규정하여 사회공동체에서 질서를 유지하고, 사회가 유지되기 위해 강제력을 수반하는 사회적 규범 또는 관습을 만들었다.

성현들의 가르침의 핵심요약분이 '우리는 하나다'이다.

예수께서 말씀하셨다. "네 이웃을 네 몸과 같이 사랑해라. 네 원수를 사랑해라."

부처께서 말씀하셨다. "우주 만물과 타인들과의 불가피한 인과 관계를 깨닫게 되면, 내가 소중하듯 남도 소중함을 알게 되고, 나의 기쁨을 같이 기뻐하게 되고, 남의 슬픔도 같이 슬퍼하게 된다."

자공이 물었다. "한마디 말로 평생토록 지키고 행할 수 있는 말이 있겠습니까?"

공자께서 말씀하셨다. "바로 서(恕)라는 것이다. 내가 원하지 않는 일을 남에게 강요하지 말라."

종교가 욕망으로부터 현대 자본주의 문명을 아슬아슬하게 버텨내는데 일조를 했지만, 욕망의 힘은 더욱더 인간들을 지배하고 있다. 인간의 뇌를 활성화하려면 강력한 지원군이 필요하다. 종교, 철학, 예술, 인문학, 과학 등 인류의 삶 전반에 새로운 의식의 혁명이 일어나야만 한다. 중세의 암흑을 밝힌 르네상스처럼 이제는 '본성회복'이 절실한 이유이다.

종교의 발생과 특성을 보면 우주의 생장수장(生長收藏)의 원리를 따르고 있다. 종교의 가르침은 욕망[포유류 뇌]을 다스리고, 인성[인간의 뇌]을 활성화하라는 것이다. 이것을 문명은 선과 악의 대결로 대립시켰다. 불교는 기원전 6세기경에 석가모니에 의해 시작되었으며 이를 초기·원시불교라 한다. 석가모니의 깨달음의 내용은 고(苦), 집(集), 멸(滅), 도(道)의 사성제(四聖諦)와 생사윤회의 모습인 연기(緣起)이다. 고통[苦]의 원인인 집착[集]을 극복 또는 제거[滅]하여 생사윤회를 벗어나는 방법[道]으로 제시된 것이 정견(正見), 정사

(正思), 정어(正語), 정업(正業), 정명(正命), 정정진(正精進), 정념(正念), 정정(正定)의 팔정도(八正道)이다. 인간의 의식구조를 밝혀 본심의 존재를 확인시키는 단계이다.

다음 단계인 인간 뇌를 활성화하려는 종교는 인성(人性)의 고양을 가르친 유교(儒敎)로 중국 춘추시대(기원전 770~403) 말기에 공자(孔子)가 체계화한 사상이다. 유교의 핵심 사상은 수기치인(修己治人)의 학(學)으로, 수기(修己), 즉 자기[己]를 닦는다[修]는 것은 개개인의 선천적인 도덕성을 신뢰하여 그것을 정직하게 신장하려고 노력하는 일이다. 맹자(孟子)의 성선설(性善說)은 그것을 가장 잘 나타내고 있다. 그러므로 유교에서는 자기의 도덕성의 완성을 목표로 하는 사람을 군자라 하여 존중하고 그렇지 않은 사람은 소인이라 하여 배척했다. 유교의 이상은 '나를 닦는다[수기(修己)]'는 일만으로는 안 된다. 《대학(大學)》에 있는 것과 같이 몸을 닦는 일[수신(修身)]로부터 시작하여 집을 가지런히 하고[제가(齊家)], 나라를 다스리고[치국(治國)], 천하를 평(平)하게 하는 데[평천하(平天下)] 도달해야 한다. 반드시 치인(治人), 즉 사람을 다스리는 일이 학문의 궁극적 목표가 되어야 한다. 그런 의미에서 유학은 어디까지나 치자(治者)를 위한 학(學)이다. 즉, 유교는 자기 자신의 수양에 힘쓰고 천하를 이상적으로 다스리는 것을 목표로 하는 학문이며 또한 그것을 향한 실천이라고도 할 수 있다. 유교는 인간의 윤리와 도덕을 가르쳐 본심을 양성하는 단계다.

다음 단계인 종교는 기독교이다. 기독교의 공통된 가장 큰 특징은 메시아의 유일 속죄 사상이다. 기독교에서는 모든 인간은 여호와 신이 처음 창조한 인간인 아담과 하와의 자손이므로 그들의 원죄를 물려받아 모두 죄인이며 그렇기에 모두 죽으면 영원히 불타는 지옥으로 떨어진다고 믿는다. 하지만 여호와신의 아들인 예수가 인간의 죄를 대신하여 십자가에 못 박혀 죽었으므로 그를 믿은 사람은 구원을 받아 천국에 갈 수 있다고 믿는다. 하느님의 나라에 들어가는 것을 '구원'이라고 표현하며, 대부분의 개신교 교파에서 이 구원은 예수 그리스도의 십자가 대속을 믿음으로, 즉 믿어 구원을 받음으로 가능하다고 믿는다. 구원받은 사람은 장차 예수 그리스도처럼 다시 영혼과 육신이 온전하게 합쳐져서 부활할 것을 믿는다. 성경의 예언에 따라 예수 그리스도가 세상을 다스리러 다시 올 것을 믿으며, 이때 예수가 주권자로 세상을 다스리는 천년왕국이 이 지상에 이루어짐을 믿으며, 그 후 심판에 의해 지금의 세계가 새롭게 될 것이라고 믿는 종말론적 역사관을 갖고 있다. 기독교는 예수의 대속으로 구원을 받아 영생의 삶을 목적으로 둔다. 이것은 본심과 하나가 됨을 전제로 했을 때 실현 가능하며 결실을 이루는 단계이다.

석가모니에 시작된 초기 불교가 자기 혼자만의 해탈(解脫)을 추구하는 이기적인 가르침에만 몰두하자, 이에 반대하여 서기전 1세기 무렵부터 사람들을 미혹의 세계로부터 깨달음의 세계로 실어간다는

일체중생(一切衆生)의 구제를 이상으로 하고 대중 속에 적극적으로
작용하여 자리(自利)와 함께 이타(利他)를 설법하는 보살의 가르침을
중시한 대승불교가 생겨났다. 대승불교도 본심을 깨친 자의 역할과
사명을 가르치는 결실의 단계인 종교이다.

　본심의 마음으로 각 종교의 특징과 목적, 상호 간에 관련성을 이
해하고 나면 종교 간에 경계가 사라진다. 천부경의 핵심 메시지는'본
성회복'이다. 이제는 본성의 마음으로 살아가는 신인류가 출현할 때
이다. 모든 인간이 본성으로 깨어 날 때 지상천국이 실현된다.

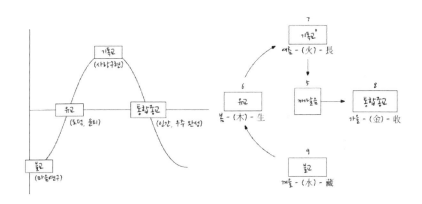

종교의 진화

창조원리

천부경에서 본심이 세상을 창조하는 원리를 '음양(陰陽: 二)의 이치'로 설명하고 있다. 본심이 3가지 요소[三極: 천, 지, 인]로 구성된 한세상을 창조하는 원리와 과정은 수축(응집)과 팽창(확산)이다. 이 변화의 움직임은 진동이며 형태는 파동이다. 이것이 동양철학에서 가장 기본개념인 음양론(陰陽論)으로 세상의 변화와 조화를 음양의 원리로 설명하고 있다. 주역에서는 음·양의 기운을 효(爻)란 그림으로 구성하여 천지인의 3요소에는 각각의 음양의 기운이 있어 8개의 경우의 수(2^3 =8)가 구성된다. 이를 팔괘(8卦)라 하여 우주의 변화원리를 상수학(象數學)으로 풀이하였다. 태극기는 이를 상징화한 문장이다.

8 괘

빅뱅 시 우주의 온도(열)는 약 10^{32}도로 빛과 입자의 원료들이 뒤섞인 형태의 에너지만이 존재한다. 현재의 우주 온도는 -270도이다. 초기 우주에서는 엄청난 온도였으나 점점 팽창하여 현재의 우주 온도가 약 3K를 이루고 있는 데 이 낮은 온도가 우주대폭발설의 중요한 근거가 된다. 점점 팽창하여 낮은 밀도를 이루며 온도가 떨어졌다는 증거다. 빅뱅 후 식으면서 남겨진 에너지들이 수축하고 응집되어 물질[地]을 생성한다.

빅뱅이 시작되며 1000억 분의 1초 후에는 온도가 내려가 섭씨 수십 조 도가 되었으며, 에너지 중 일부가 물질을 이루는 기본 입자로 변화했다. 이 입자들은 원자의 핵 내에 존재하는 물질의 기본 입자로 쿼크와 이들을 묶는 글루온이다. 수십만 년이 지난 후 우주에는 원자가 나타나고, 이 원자가 모여 먼지와 같은 작은 입자가 되고, 이 먼지가 모여 돌멩이와 바위가 형성되고, 그 후 바위가 모여 별이 생성되며, 이 별은 서로 충돌하거나 모여 수많은 은하계를 이루었다고 믿고 있다.

1887년 마이컬슨과 모리가 빛을 이용한 실험에서 지구의 운동과는 무관하게 빛의 속도는 항상 일정하다는 결과를 관측하였다. 빛의 속도는 누가 관찰을 해도 항상 일정한 초속 30만 킬로미터라는 불가능한 절대속도를 유지한다. 극단적으로 빛의 속도로 날아가면서 빛을 추적한다면 빛은 어떻게 보일까? 빛이 날아가고 있는 모습이 보일까? 그렇지 않다. 빛의 속도로 빛을 쫓는다고 해도, 빛은 빛의 속도로 날아간다. 빛에 대한 개념과 상식은 일반적이지 않다. 우주에는 절대적이고 불변하는 제한속도가 존재한다. '특수 상대성이론'은 빛의 속도가 초속 30만 킬로미터로 절대적이라는 것과 이렇게 빛의 속도가 고정되어 측정된다면 시간과 공간은 관찰자에 따라 상대적이라는 것이다. 태고에 사람들은 태양을 신이 형상화한 것으로 여겨 숭배하였다. 종교그림에서 성인의 기운을 빛으로 표현하고 있다. 선각자들이 깨달음의 체험을 통해 드러나는 본래허공의 기운도 상서로운 빛으로 설명하고 있으며, 임사체험자들도 사후세계의 특징을 빛으로 설명하고 있다. 우주는 다층적 공간으로 구성되어 있다. 빛은 본심의 상징이며 자신의 존재를 드러내는 방식이기에 다층 어느 공간에서도 절대성을 지닌다. 시간이란 물질의 생성과 변화 소멸의 흐름을 전제로 개념화된 것이다. 물질이 생성될 때 비로소 우주(宇宙), 즉 시공(時空)이 현상계에 드러난다.

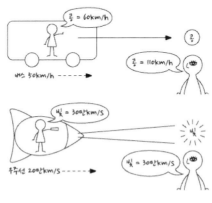

빛의 성질

우주변화의 원리

하늘과 땅과 생물들은 상호의존적이며 서로 영향을 미친다. 각각의 변화가 지구상의 생물에 얼마나 급격하게 영향을 주었는지, 예를 들어 대멸종이라는 사건이 어떤 영향을 일으켰는지, 살아있는 유기체가 어떻게 지구의 대기를 급격하게 변화시켰는지, 지난 40억 년 동안 일어난 다양한 변화를 살펴보면 알 수 있다.

최초의 원핵생물은 화학에너지와 열에너지를 제공한 심해의 대규모 열수구에서 진화한 것으로 추측하고 있다. 약 35억 년 전, 어떤 세포들은 바다 표면을 떠다니다가 태양으로부터 온 엄청나게 풍부한 에너지를 이용할 수 있게 되었다. 이 세포들이 태양에너지를 이용하기 위해 발전시킨 과정이 광합성이다. 광합성의 부산물로 생긴 많은 산소가 바다와 대기에 들어차자 그 당시 유기체들은 오늘날 '산소의 대학살'이라고 부를 수 있을 만큼 엄청난 숫자가 사라지고, 지구는 산소가 풍부한 행성으로 변모되었다. 대략 25억 년 전에 세포소기관을 지닌 진핵세포가 등장하고, 약 10억 년 전, 최초의 다세포 유기체가 출현했다. 이들은 다른 진핵생물과 결합하여 더욱더 복잡한 생물형태를 만들었다. 이렇듯 생물 그 자체가 생물권에 영향을 주는 방법은 대기를 변화시키는 것이다. 광합성을 하는 초기의 생물들이 산소를 배출함으로써 초기의 종들을 전멸시키고 진핵세포의 진화를 가능하게 하였다. 어떤 종들은 대기에서 탄소를 흡수하여 껍질을 만들었는데, 그것이 죽어 바다 밑으로 가라앉아 수백만 년 동안 묻혔다. 그들이 석회암과 같은 두꺼운 퇴적암층에 탄소를 가뒀다. 이런 방식으로 작은 생물이더라도 그것이 지구 전체에 걸쳐 새로운 지질학적 지층을 만들어냄으로써 지구의 지질을 바꿀 수 있다. 또한, 어떤 다른 유기체들도 탄소를 매장했는데, 오늘날 석탄, 석유, 천연가스, 즉 화석연료의 형태로 그들의 유체를 발굴한다. 그것을 불태움으로써 믿을 수 없는 속도로 이산화탄소를 대기에 되돌려놓고 있다. 화석은 지난 6억 년 동안 다섯 번의 대멸종이 있었을 것이라는 사실을 보여준다. 약 2억 5,000만 년 전에는 지구상의 모든 종의 96%가 사멸되었다고 한다. 이렇듯 천문학적 요인들이 생물권의 역사에 지대한 영향을 미쳤다. 만약에 원핵생물이 지구에 너무 가득 찼다면, 다른 어떤 복잡한 생명체의 발생과 진화는 불가능했을 것이다.

태양은 모든 유기체에게 에너지와 빛의 원천이다. 이를 유지하기 위해서는 지구는 안정적인 공전 궤도를 가지고 있어야 한다. 그리고 자전 속도도 중요하다. 만약 천천히 자전한다면 행서의 한쪽은 너무 더워 바비큐가 될 것이고, 다른 한쪽은 얼어붙을 것이다. 행성의 크기도 중요하다. 만약 너무 작으면 대기 형성이 어렵고, 너무 크면 대기가 두터워 태양빛이 지표면에 이르지 못할 것이다. 또한, 소행성도 엄청난 영향을 줄 수 있다. 약 6,500만 년 전에 공룡을 싹 쓸어버린 대멸종은 소행성의 충돌이 원인이라는 설이 유력하다. 만약 그 소행성이 30분 일찍 혹은 30분 후에 떨어졌다면 지구를 지나쳤을 것이고 공룡은 그대로 살고 있을 것이고, 인간은 아마도 여기에 없을 것이다. 그 소행성이 조금만 더 컸었더라면 지구상의 모든 생물은 멸종되었을 것이다. 대륙판의 거대한 운동은 엄청난 양의 메탄과 이산화탄소 등의 온실기체를 방출시키고 대기 중의 산소량을 감소시키는 대규모의 화산 폭발을 일으킨다. 또한, 대륙의 위치도 기후를 변화시키는 주요한 원인으로 여긴다. 이것이 왜 여러 빙하시대를 겪었는지를 설명하는데 유력한 요인이다. 이렇듯 시간과 공간을 축으로 하늘[天]과 땅[地]과 생명체[人]는 상호 의존적이며 서로 영향을 주고받으면서 변화하고 진화한다. 동양에서는 수 세기에 걸쳐 이러한 우주변화의 원리를 '음양오행론'이란 학문으로 이론화하였다.

음양오행론

세상의 모든 만물은 음양과 오행의 기운을 모두 가지고 있으며 오행설의 골자는 세상만물은 목화토금수(木火土金水) 다섯 가지의 기본 요소로 되어있으며, 이 다섯 가지 재료는 각기 고유한 성질을 가지고 상호작용을 한다는 것이다. 이 상호작용으로 인해 하나의 재료가 다른 재료에 이로운 작용을 하기도 하고 또는 해로운 작용을 하는데 이것을 상생(相生)과 상극(相剋)이라고 하였다. 오행설은 크게 세 가지로 이루어진다. 첫 번째가 오행의 배정이고 둘째가 상생의 법칙이며, 셋째가 상극에 대한 설명이다. 세상의 모든 동물과 식물, 계절과 같은 자연의 순환, 태양계의 행성은 물론이며 인체의 신체를 다루는 의학, 감정과 시간 방위와 같은 주관적이고 추상적인 대상에 대해서도 오행을 배정하였다. 나무의 기운은 불을 일으키고(木生火), 불의 기운은 흙의 기운을 강하게 만들며(火生土), 흙의 기운은 쇠의 기운을 더욱 굳게 하고(土生金), 쇠의 기운은 물로 변하며(金生水), 물의 기운은 나무를 성하게 한다(水生金)는 것이 상생이며, 나무의 기운은 흙의 기운을 약하게 하고(木剋土), 흙의 기운은 물을 막으며(土剋水), 물의 기운은 불의 기운을 쇠하게 하며(水剋火), 불의 기운은 쇠를 녹이며(火剋金), 쇠의 기운은 능히 나무의 기운을 꺾는다(金剋木)는 것이 상극이다.

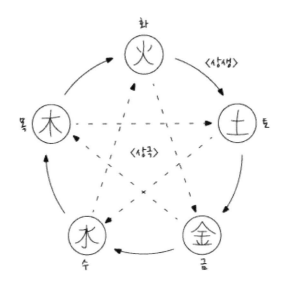

오행론

태양과 가장 가까운 다섯 행성을 오행성이라 하는데 오행성의 발견은 아주 옛날이다. 인간이 하늘을 바라보면서 천문이란 지식을 갖게 되었을 때 제일 먼저 발견한 것이 오행성이다. 그리고 옛사람들은 이 다섯 개의 별에 목화토금수라는 오행을 이름으로 붙였다. 그 이유는 선인들이 감각으로 이 별들의 기운을 구분하였기 때문이다. 토기기 발산되는 별을 토성, 화기가 나오는 별을 화성, 수기가 나오는 별을 수성이라 이름 지었다. 그런데 이러한 기운에 따른 별의 구분은 서양에서도 볼 수 있는데 서구사람들은 화성을 마르스(Mars)라고 부르며 뜻은 '전쟁의 신'에게 붙인 이름이다. 서양에서는 화성을 불길한 별로 보았다. 그 이유는 이 별이 기운이 승할 때 꼭 전쟁이 일어났다는 경험 때문이었다. 동서양을 막론하고 별에서 기운을 감지하는 것은 같았으며 그것이 서양에서는 점성술이 되고 동양에서는 주역(周易)과 사주 명리학이 되었다.

사주 명리학은 오행을 운명에 적용하는 것이며 오행이 운명에 작용하는 관계를 연구하고 이것을 사람의 길흉화복에 적용하는 학문이다. 사람의 운세는 태어나는 순간, 즉 연월일시에 의해 결정되는데 이것이 사주(四柱)이다. 한 인간이 자기 자신의 기운을 갖게 되는 때는 어머니의 뱃속에서 세상으로 나와 자기 자신의 호흡을 하는 순간이다. 첫 호흡 때 인간의 몸으로 흘러 들어가는 기운이 바로 사람의 평생의 기운이 된다. 태어나서 처음 자기 힘으로 숨을 들이쉬는 순간, 우주의 모든 별과 계절과 태어난 곳의 지기와 태어날 때 자기 주변에 있었던 사람들의 기운이 바로 자기 자신이 평생 가져가야 할 기운이 되는 것이다. 사주는 몸과 마음에 세팅된 기운이다. 우리 각자는 이 기운을 지니고 오행이 하늘에서 작용하는 5운(五運)과 땅에서 지축의 경사로 생기는 뿌리 없는 불인 상화(相火)가 더해져 작용하는 6기(六氣)의 에너지장(場)을 겪어야 한다. 상생과 상극의 상호작용으로 길흉화복이 펼쳐지는 변화무쌍한 인생의 바다를 건너야 한다. 운명이란 배가 앞으로 들려야 할 항구와 지나가야 할 항로다. 좋은 배[건강]와 순조로운 항해를 도와줄 바람과 환경과 좋은 인연을 만난 배는 순조로운 항해를 하게 될 것이고, 어떤 배는 역풍에 고난에 찬 항해가 될 것이다. 오행을 알고 이 세팅된 기운, 즉 에너지 파동을 조정 할 줄 알면 자기의 운세도 바꿀 수 있다. 이것을 가능케 할 수 있는 것이 세팅된 파동체인 에고를 소멸시켜 깨달음을 얻는 것이다. 오행이 바뀌면 몸이 바뀌고 몸이 바뀌면 성격이 바뀌며 성격이 바뀌면 운명이 달라진다.

진리를 찾는 인문학

앞서서 우리는 과학이 어떻게 이 세계를 인식하고, 이를 관찰과 실험이라는 객관적 방법으로 신뢰를 쌓고, 수학적 사유를 통해 이론화하였으며 정립했는지를 살펴봤다. 이는 진리를 설명하는데 매우 강력한 설득력을 갖고 있기에 '과학적으로 증명되었다'라는 말이 붙으면 망설임 없이 이를 사실로 받아들인다.

그러나 과학으론 도저히 답을 찾을 수 없는 질문이 있다.

'우주의 본질은 무엇인가?'

'신은 존재하는가?'

'참으로 존재하는 것은 무엇인가?'

'과연 인간이란, 그 존재이유와 가치는 무엇인가?'

위와 같은 큰 질문에 답을 얻고자 존재의 실체와 궁극적인 원리를 순수한 사고를 통해 우주 전체를 하나의 통일된 체계로 파악하려하며, 사물의 배후에 있는 구조와 본질을 밝히고자 탄생한 학문이 인문학이다. 인문학(人文學, humanities)은 인간과 인간의 근원문제, 인간의 사상과 문화에 관해 탐구하는 학문이다.

연구에 의하면 인류가 돌을 도구로 사용한 구석기 시대에서 신석기 시대로 넘어가는데 약 수십만 년이 걸렸다고 한다. 아무리 생각해도 너무나 긴 시간이었다. 그러나 현대에 이르러 인류문명의 발전 속도는 상상을 초월하고 있다. 한해에 쏟아내는 정보량이 그동안 인류가 축적한 정보량을 능가한다고 한다. 정보통신기술의 발달로 전 세계적인 소통이 가능해지고 개별적으로 발달한 각종 기술 간의 원활한 융합이 가능케 되었다. 정보를 독점함으로써 누리던 기득권 세력과 권력은 쇠퇴하고, 이제는 방대한 정보(Big Date)를 수집, 저장, 분석, 처리 및 관리 활용하는 능력을 갖춘 극소수 거대기업에 의한 독점 시장 형성되고 있으며, 이들의 영향력은 점차 커지고 있다. 이

른바 제4차 산업혁명의 시작이다.

4차 산업혁명은 인공지능에 의해 자동화와 연결성이 극대화되는 산업 환경의 변화를 의미한다. 앞으로 펼쳐질 제4차 산업 혁명에서는, 인간이 할 수 있는 거의 모든 일이 기계와 인공지능에 의해 대체되리라는 것이 대부분 전문가의 의견이다. 특히, 인간이 두뇌를 써서 수행하는 일의 대부분이 장기적으로 인공지능에게 대체될 가능성이 높다. 제4차 산업혁명 시대에 암기력은 더는 경쟁력이 될 수 없다. 인공지능인 알파고만 하더라도 인간이 평생 공부를 해도 다 학습하지 못할 분량인 프로기사 기보 16만 개를 딥러닝(Deep Learning)이라는 기술을 바탕으로 단 5주 만에 독파했다.

제4차 산업혁명의 주체는 인간이다. 과거 인류 역사의 패턴을 분석하면 4차 산업혁명의 시대가 모든 인류에게 축복이 될 가능성은 작아 보인다. 권력과 부는 필연적으로 소수에게 몰리게 될 것이고, 소수가 나머지 인류의 존재와 사고를 지배하게 될 가능성은 높다. 이에 대응하기 위해서는 기존의 지식 습득방식에서 벗어나 창의성과 융합성 및 문제해결 능력 등과 같은 역량을 갖춘 인재들이 대거 필요하게 되었다. 이제 인류는 창의적 기술 없이는 생존하기 어려운 4차 혁명 시대를 맞이하고 있다. 우리의 미래는 인간이 기술 시스템의 부품이 아니라 기술의 주인이 되도록 해야만 한다. 그러하지 않으면 SF영화에 내용처럼 미래학자가 우려하는 일들이 현실화될지도 모른다. 이에 대한 대안으로 인문학에 관심이 높아지고 있다.

인문학은 인간에 대한 학문이며 지금까지 역사를 통해 인류가 겪은 수많은 경험과 교훈이 축적된 결과물이다. 이를 배우고 익힘으로써 스스로 생각하는 능력을 배양하여 창조력을 기르고 인간이 가장 인간답게 사는 것이 어떤 것인가를 알고, 더 많은 사람이 인간답게 살도록 하는 방안은 구하고, 더 나아가 인간의 존엄과 윤리에 대한 교육과 이에 대한 명료한 실행방법을 찾기 위한 학문이다. 그러나 정보와 지식을 배우고 익히는 목적도 물질적으로 풍요로운 삶을 살기 위한 수단으로 바뀌고 있으며, 한 분야의 전문가 되기 위한 목적도 자본주의에서 생산의 목적가치로 인정하는 효용의 법칙을 최고로 발휘하여 그들만의 기득권과 배타성을 확보하여 안정적인 부를 축적하고, 이마저도 대물림하면서 타락하고 있다. 인류는 문명이 시작되면서부터 위 문제들을 해결하고자 많은 노력과 시간을 들였지만, 아직도 답을 찾고 있다. 앞으로도 명쾌한 답을 찾기가 쉽지 않을 것이다. 시중에 나와 있는 수많은 '자기개발서'를 보더라도 이 이유를 쉽게 찾을 수 있다. 수많은 이론과 실천방법을 제시하지만, 근본적으로 나를 변화시키진 못한다. 그 이유는 간단하다. 이 모든 것을 있게 한 최초의 원인에 대해 무지하기 때문이다. 본질을 알면 답은 쉽게 구해진다. 이는 마치 수학공식의 원리를 이해하고 문제를 푸는 거와 공식만 외어서 푸는 것과의 차이이다.

4부

천부경 해석

4부. 천부경 해석

천부경(天符經)

일시 무시일 석삼극 무진본 (一始 無始一 析三極 無盡本)

천일일 지일이 인일삼 (天一一 地一二 人一三)

일적십 거무궤화 (一積十 鉅無匱化)

삼천이 삼지이 삼인이 (三天二 三地二 三人二)

삼대삼합육 생칠팔구 (三大三合六 生七八九)

운삼사성환오 칠일묘연 (運三四成環五 七一妙衍)

만왕만래 용변부동본 (萬往萬來 用變不動本)

본심본태양 앙명인중천지일 (本心本太陽 昂明人中天地一)

일종 무종일 (一終 無終一)

천부경의 의의

천부경은 '하늘의 이치를 드러내는 경전'이란 뜻이다. 81자에 불과한 천부경은 1만 년 역사, 인류문명의 시원과 함께해온 가장 오래된 경전이다. 간결하고 완전하고 심오한 불변의 진리서다. 천부경의 내용은 이론과 지식으로 알 수 있는 것이 아니라 깨달음을 얻어야 이해할 수 있는 경전이다. 지금까지 천부경에 대해 완벽하게 풀이한 책자가 나오지 않은 것도 이 때문이다. 천부경은 동양사상의 원류이고 뿌리 사상이라고 한다. 이러한 천부경의 중요한 이념과 내용을 살펴보면 다음과 같다.

1. 우리민족의 건국이념인 광명이세 홍익인간 재세이화 사상을 담고 있다.
2. 한국을 상징하는 태극과 천지인 삼태극의 원리와 역학[음양오행과 8괘]의 원리가 담겨 있다.
3. 우주의 창조이치와 전개과정 완성이치를 논리적이고 압축적으로 설명하고 있다.
4. 시간과 공간(宇宙)의 전개와 생성 변화의 원리를 과학적으로 설명하고 있다.
5. 깨달음을 얻은 완성된 인간의 역할과 책임에 관한 내용을 담고 있다.

천부경의 전래경로

천부경은 9,000년 전 환국(桓國)에서부터 구전되어 오던 것으로, 그 후 약 6,000년 전 배달국을 세우신 천제 환웅이 신지혁덕에게 명하여 최초의 문자인 녹도문으로 전해졌고, 약 4,400년 전 단군조선시대에는 전서(篆書)로 전해졌다. 부여와 삼국시대에 이르러서도 천부경의 맥은 끊이지 않았으며, 발해 때까지 많은 사람들이 독송했으나 신라가 반도를 통일한 후 천부경 공부는 점점 열기가 식었다고 한다. 이후 통일신라시대의 대학자 최치원 선생이 돌로 만든 비석에 전서로 새겨진 천부경을 발견한 후 묘향산 석벽에 한문으로 옮겨 놓았다고 한다. 천부경은 고려시대에 불교의 성장과 함께 쇠퇴의 길로 접어들기 시작하였으며, 조선시대에는 철저한 사대주의 사상과 유교숭배 정책에 따라 민족적 주체사상이 말살되면서 천부경은 거의 그 모습을 감추게 되었다. 이렇게 세상에서 사라진 천부경이 다시금 세상에 모습을 드러낸 것은 1916년 계연수 선생이 묘향산 석벽에 최치원이 새겨놓은 것을 발견, 탁본해서 다음 해인 1917년 단군교당으로 그 원본을 보낸 데서 비롯된다. 계연수 선생은 일제강점기시대의 수도인 이며 독립운동가인데, 각기 따로 전해져 오던 〈단군세기〉, 〈태백일사〉, 〈삼성기〉, 〈북부여기〉를 합편하여 [환단고기]라 이름하여 오늘날 전한 바로 그 사람이다. 계연수 선생이 묘향산에서 탁본하여 대종교 본당으로 보낸 천부경 원본은 그 후 민족의 수난과정에서 분실되고 없으며, 지금 대종교 본당에 걸려있는 천부경은 이흥제 선생이 1989년 다시 적어 옮긴 것이다. 현재 천부경의 원문이 전해오는 것으로는 계연수 선생이 합편한 [환단고기]의 〈태백일사〉의 것[이를 '묘향산 석벽본'이라 함]과 최치원 선생의 후손인 최국술이 1925년 편찬한 [최문창후 전집(崔文昌候 全集)]에 수록된 것[이를 '최치원 사적본'이라 함]이다. 최치원 사적본은 암송되어 오던 것을 후일 구술로 쓴 것이기 때문에 묘향산 석벽본과 음은 같고 글자가 틀린 곳이 7곳이나 되며, 따라서 오늘날 가장 많이 인용되고 있는 것은 묘향산 석벽본이다.

수리적 표현의 배경

천부경을 이해하기 위해서는 우선 수리적 표현의 의미와 그 배경을 이해할 필요가 있다. 총 81자 중 숫자는 31자로 비중이 매우 높다. 나머지 글자들은 의미와 성격이 고유하고 명확한 숫자의 특성을 보완하거나 풀이하는 역할을 하고 있다. 따라서 각각의 숫자가 무엇을 의미하는지를 정확히 읽어내는 지혜가 필요하다. 숫자와 가장 관련이 깊은 학문은 과학이다. 과학은 객관적인 실험과 관찰을 통해 밝힌 법칙을 수리화하지 못하면 검증의 절차를 통과하기가 불가능하기 때문이다. 수의 법칙과 정확성은 각각의 해석의 판단과 검증의 오류나 착오를 없애고 객관적으로 내용을 전달하는데 매우 유용하다.

천부경을 쓰신 분도 이점을 염두에 두고 썼다고 생각한다. 숫자를 사용하여 글을 쓴 의도는 전달하고자 하는 내용이 오류나 과장 없이 온전히 전달되기를 바라고 쓰셨기 때문이다. 그런데도 수많은 해설과 풀이가 나온 이유는 한자가 표의문자이고 문장을 어디서 끊어서 해석하는가에 따라 내용이 달라지기 때문이다.

작자의 의식수준

천부경은 깨달은 분의 글임이 분명하다. 천부경의 핵심사상은 인간완성이다. 이것은 깨달음을 얻어야만 알 수 있는 경지이기 때문이다. 깨달음이란 참된 본성을 보고 아는 것이다. 참된 본성을 천부경에서는 본심(本心)이라 명확히 밝히고 있다. 본심은 본래 크고 밝다[本心本太陽]고 하여 그 성품과 권능을 설명하고 있다. 이 존재가 바로 비물질 존재로 시공간을 초월하여 스스로 존재하는 하나님, 부처님, 여호와, 알라, 천지신명이다. 세상의 모든 현상은 예외 없이 인과(因果)법칙으로 돌아간다. 본심은 모든 인과의 근본이며 시발점이다. '존재이유'를 알 수 없으며 왜(Why?)라고 물을 수도 없는 존재이다.

본심은 만상만물의 근본이며 원인이며 궁극의 존재이기 때문이다. 이 존재를 보고 아는 것이 깨달음이고, 깨달음을 얻어야만 인간완성이란 우주의 궁극 목적을 실현할 수 있는 능력과 자질을 부여받을 수 있기 때문이다. 이것이 홍익인간(弘益人間)과 제세이화(在世理化)를 실현하는 첫 단계이다. 이 존재를 알 수 있는 유일한 생명체가 바로 인간이다. 그런 능력이 있기에 인간을 '만물의 영장(靈長)'이라고 하는 것이다. 따라서 천부경을 쓰신 분은 우주의 마음(本心)과 하나가 되신 분이다.

바른 해석

고전에 대해 올바른 해석을 하려면 그 당시의 경제, 사회, 문화, 종교, 언어에 대한 지식과 이해가 전제되어야 한다. 왜냐하면, 글쓴이의 생각과 의도는 그 시대를 반영하여 표현되기 때문이다. 많은 천부경의 해석이 후대에 정립된 동양철학 용어를 사용하여 풀이하고 있다.

천부경이 삼태극사상과 음양론, 이를 바탕으로 주역, 오행사상, 한의학, 명리학 등 동양철학의 모태라고 많은 학자가 주장하고 있다. 따라서 후대에 정립된 이론과 용어로 원전인 천부경을 풀이한다는 것은 본말(本末)이 전도된 것이다. 이것이 지금까지 많은 해설이 현학적이며 복잡하고 어렵게 느껴지는 원인이다. 다행이 수(數)의 의미나 성격은 시대와 상관없이 같으며 쓰인 한자들도 그 의미가 현재와 크게 다르지 않으므로 작자의 글 쓴 의도를 안다면 바른 해석이 가능하다고 생각한다.

천부경의 구성

천부경은 우리가 사는 세상은 무한히 반복하며 펼쳐지는 우주의 한 주기에 해당한다는 것이다. 우주는 영원불변하고 살아있는 존재로 이를 본래부터 스스로 존재하는 의식인 '본심(本心)'이라 한다.

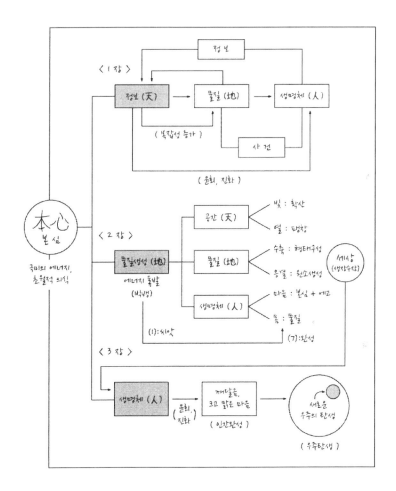

천부경은 본심이 세상을 창조하는 원리[天]와 전개과정[地], 완성[人]의 3단락으로 구성되어 있다.

첫째 단락은 창조원리에 관한 내용이다. 본심이 창조하는 세상을 정보[天], 물질[地], 생명체[人]의 3가지 요소로 구성한다는 것이다. 물질의 생성과 구성은 정보에 따라 진행되며 물질이 만들어진 후 조건에 의해 탄생한 생명체는 삶에서 겪은 정보를 다시 정보에 피드백하면서 우주는 단순함에서 시작되어 점차로 복잡하고 다양하고 정밀하게 전개된다. 이에 따라 본심이 창조한 세상의 일체가 정보로 저장되고, 저장된 정보는 다시 생명체에 제공되면서 윤회와 진화의 과정이 순환하며 우주의 완성을 지향한다.

둘째 단락은 물질의 생성과 전개과정의 원리를 설명한다. 물질의 생성은 고밀도의 에너지가 폭발하여 팽창하면서 빛과 열이 발생하며, 식는 과정에 에너지 잔해들이 수축작용으로 결합하여 물질이 생긴다는 원리다. 물질의 생성으로 생명체가 살 수 있는 환경이 조성되자 의식과 물질의 결합체인 생명체가 탄생한다. 이것들이 서로 영향을 주고받으면서 세상은 펼쳐진다.

셋째 단락은 본심이 창조한 세상은 생성되어 변화하고 진화하면서 발전한다. 그러나 본심은 영원불변하지만, 물질은 유한하므로 종국에는 세상은 마감된다. 이러한 우주의 순환원리에서 본심이 세상을 창조한 목적은 새로운 우주의 탄생이다. 새로운 우주는 본심과 창조한 세상의 일체 정보를 담은 인간이다. 본심과 하나가 된 깨달음을 얻은 인간의 의식 속에 세상 일체가 담긴다. 새로운 창조주의 탄생이다.

천부경풀이

1. 일시(一始): 하나가 시작된다

하나(一)의 수리적 의미는 범위의 경계를 구분하는 단위를 뜻한다. 즉 하나가 있으면 둘(또 다른 하나)도 있다는 의미이다. 우리가 사는 이 세상을 하나의 단위로 표현한 것이다. 이는 이글의 끝마무리에 쓴 일종(一終)과 대비하여 보면 그 의미가 선명해진다. 일종(一終)에서 종(終)은 '끝남'이 아니라 '매듭진다'라고 해석하는 것이 타당하다. 즉 우리가 사는 이 세상이 시작과 끝이 있음을 의미한다. 영원한 우주의 시간과 공간에서 한세상이 생장과 소멸을 무한히 반복하는 것이다.

우주는 에너지와 파동이다. 파동은 진폭, 파장, 주기, 진동수로 구성되는데 여기서 일(一)은 한세상이 생겼다(始) 사라지는(終) 한 주기를 의미한다. 진동은 영원히 계속된다. 그 무한의 시공간에서 우리는 지금 이때 이 세상에 살고 있는 것이다. 흥미로운 것은 이와 유사한 이론이 현대과학에서 '다중 우주론'으로 제기되고 있다는 것이다.

즉, 우주는 여러 가지 사건과 조건에 의해 한 개가 아닌 무한한 개수로 존재한다는 이론으로 우리의 우주는 무한한 우주에서 하나(一)일 뿐이라는 것이다.

2. 무시일(無始一): 무(無)가 하나를 시작[창조]한다

여기서 무(無)는 하나의 세상을 창조하는 주체(主體)이다. 많은 해석이 무(無)를 '없음'(Nothing)으로 풀이하고 있다.

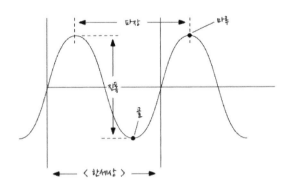

세상은 인과(因果)의 법칙으로 돌아간다. 이는 우리가 정한 것이 아니라 본심이 세상을 운영하는 절대적인 원칙이다. 따라서 이에 어긋나는 것은 자기 자신을 스스로를 부정한다는 뜻이므로 모든 일체는 이 법칙에서 벗어날 수가 없다. 그럼 왜 무(無)란 표현을 사용했을까? 태초에 인식체가 없이 오직 본심만 있을 때, 이 존재의 실체를 확인하고 인식할 수가 없기 때문이다. 우리가 살고 있는 세상을 우리는 오감(눈·코·입·귀·몸)을 통해 입력된 정보를 마음으로 인식하고 있다. 태어날 때부터 시각장애인인 사람은 색의 세계를 모른다. 마찬가지로 귀머거리인 사람은 침묵의 세계에 살고 있기에 소리에 세

계를 알지 못한다. 만약에 현미경이 발명되지 않았다면 세균이나 바이러스가 있다고 할 수 있을까? 망원경이 발명되지 않았다면 우리가 눈으로 볼 수 없는 은하나 천체들의 존재를 알 수 있을까? 우리들은 물질로 구성된 육체라는 인식도구가 있기 때문에 나와 세상을 마음으로 인식할 수가 있는 것이다. 우리가 보고 듣고 만지고 인식하는 우리 주변의 세계는 모두 오감과 그것을 해석하는 의식의 산물이라 할 수 있다. 그 때문에 감각이 변하면 세계도 변한다고 말할 수 있다. 이 세계는 누구에게나 똑같이 느껴지고 똑같이 보이는 것이 아니고, 생명마다 제각각 다르게 비치는 요지경 같은 세계이다. 만약 오감이 없다면 세계는 여전히 존재하는가? 감각과 의식으로 우주를 인식하는 생명체가 없다면 우주 자체도 홀연히 사라진다는 이야기나 마찬가지다. 이것이 불교의 세계관인 '일체유심조[(一切唯心造: 화엄경에 나오는 법구(法句)로써, 모든 현상은 오로지 마음이 만든 것이고 마음이 창조해 낸 것이라는 뜻)'의 철학이다. 즉 세계는 마음-감각과 의식-이 만들어낸 것이기 때문에 마음이 사라지면 세상도 사라진다는 뜻이다. 즉 감각과 의식을 지닌 생명체가 생겨나기 이전인 상황에서는 세상을 인식할 인식체가 없기에 무(無)라고 표현한 것이다. 따라서 무(無)란 없다가 아니라 '인식할 수 없는 존재'란 의미로 본심을 상대적 관점으로 표현한 것이다. 이 해석이 확실하다는 근거로 문장 말미를 무진본으로 마무리하는 것으로 알 수 있다. 즉 창조의 주체를 無로 표현한 근거를 무진본(無盡本: 본래는 다함이 없다)으로 확실히 매듭짓고 無가 本心의 상대적 표현임을 밝히고 있다. 無인 本心이 하나의 세상을 시작하는 주체고 근본이다. 이것이 원래부터 스스로 존재하는 비물질 실체인 것이다.

이 존재를 인류는 예로부터 인간을 초월한 절대자로서 우주를 창조하고 만물을 섭리로써 다스리는 전지전능(全知全能)한 존재로 여기며 의인화(擬人化)하였다. 천부경에서는 이 존재에 대하여 '본래부터 스스로 존재하는 마음'[本心] 이라 규정하고 있으며, 이것이 우리에게 익숙한 창조주, 하나님, 부처님, 알라이다. 본심(本心)은 본래 크고[太] 밝다[陽]라 하여 진리의 성격과 권능을 밝히고 있다. 기독교에서 하나님을 형상을 갖춘 인격신이 아니라 성스러운 영[聖父]으로 표현하고 있다. 불교에서는 빛깔이나 형상이 없는 우주의 본체인 진여실상(眞如實相)을 의미하는 법신불(法身佛)로 이 부처님은 보통 사람의 육안으로는 볼 수 없는 광명(光明)의 부처라고 한다. 유교의 대표 경전인 중용에 천명지위성(天命之謂性)이라 하여 하늘이 곧 마음[본성]임을 설명하고 있다. 우리 민족의 고유 신앙에서 쓰는 한얼님 한울님이라는 말은 동학 천도교의 신앙 용어이면서 동시에 우리 민족 대대로 쓰던 하나님이라는 말의 원적 표현이라고 할 수 있다. 한얼님 한울님에서 한은 하나이고 얼은 영혼과 정신을 뜻하는 말로 하나의 큰마음[本心]을 뜻한다. 이 실체를 확인하고 이 마음으로 사신 분들이 성현이고 종교의 창시자인 것이다. 이분들의 가르침을 글로 적은 것이 성경, 불경, 유교경전, 코란이다.

3. 석삼극(析三極) 무진본(無盡本): 無[本心]가 세 가지 요소로 세상을 창조한다. 그러나 근본은 다함이 없다

삼극(三極)에서 극(極)이란 바깥 경계가 없는 끝이란 의미로, 3극이란 각각의 요소가 의미와 성격, 재질이 중복되지 않는 이질적인 요소를 의미한다. 본심은 세상을 창조하는 주체[창조주]로 무한의 진동하는 에너지이다. 이 범위가 바로 무한대의 허공이다. 허공은 아무것도 없는 비어있는 존재가 아니라 극미한 소립자로 꽉 찬 무한의 에너지체인 것이다. 모든 것은 에너지라는 사실을 알고 나면 물리적인 세상과 정신적인 세상 사이에 존재하는 경계선은 허물어지고 만다.

본심인 에너지가 상념을 일으키자 바다에 파도가 일듯이 무한의 에너지가 파동을 일으킨다. 음양(陰陽)이 나뉘고 상념을 통한 집중이 고도화되자, 마침내 하늘에 번개가 치듯, 허공에 상극의 엄청난 에너지가 부딪쳐[빅뱅] 물질이 드러난다. 이것이 본심이 세상을 창조하는 원리와 과정이다. 허공에 3가지[3極]의 성격이 다른 天[정보], 地[물질], 人[생명체]가 차례대로 출현한다. 하늘에 조건에 의해 구름이 생기고 사라져도 하늘은 그대로 있듯이 본심인 허공은,변하거나 나눠지지 않는 절대적인 존재다. 따라서 무진본(無盡本)은 본심은 다함이 없다[無]는 뜻이다. 이는 변하지도 않고, 그대로 존재하는 진리인 本心의 영원불변함을 의미한다.

4. 천일일(天一一) 지일이(地一二) 인일삼(人一三): 한세상[一]을 구성하는 정보[天], 물질[地], 생명체[人]가 순차적으로 생성된다

본심인 창조주가 세상을 구성하는데 필요한 요소가 3종류(天地人)임을 나타낸다. 각 문장의 가운데 일(一)자는 천지인(天地人) 각각이 한세상을 구성하는 공통의 구성요소임을 나타낸다. 뒤의 일이삼은 발생 순서를 의미한다. 세상이란 물질[地]과 이 물질에 의존해 살아가는 생명체[人] 사이에서 일어나는 일들이 배경을 두고 펼쳐지는 사연[天]이다. 이러한 세상이 유지되려면 정체성과 지속성이 요구되며, 이를 위해서 통합하고 관리하는 기능인 정보[天]가 우선 있어야 가능하다.

과학적인 관측을 통하여 생성된 물질이 분명히 활동적이고 고정되거나 움직임이 없는 죽어있는 고요한 세계가 아님을 알게 되었다. 전자와 미립자들의 운동은 신비로울 정도로 활기에 가득 차 있으며 고도로 질서 잡힌 법칙에 따라 운동하고 있다. 이는 모든 물질의 입자들은 정보를 가지고 있음을 시사한다. 세상에서 일어나는 일들은 다양한 성질을 지닌 물질들의 상호작용 때문에 발생한다. 이 변화하는 환경에서 조건이 갖춰지자 생명체가 생겨난다. 생명체는 생존과 번식이란 우주의 프로그램에 따라 진화와 윤회를 반복하면서 다양한 정보를 생성한다. 생명체는 물질과 의식이 결합한 존재다. 인간은 물질인 외부세계를 오감이란 감각기관을 통해 인식된 정보를 자아의식을 통해 저장한다. 이러한 개별정보들은 공유되고 통합되어 정신계를 구성한다.

5. 일적십(一積十): 한세상이 진화되어 완성된다

일(一)은 한세상을 말하고, 적(積)은 시간의 흐름 속에 세상의 변화과정을 함축적으로 표현한 글자이며, 십(十)은 상수학(象數學)에서 완성을 의미한다. 즉 한세상을 시작, 진행, 완성의 과정으로 설명한 글이다. 천부경에서 우주의 근본을 무한한 허공에 꽉 찬 극미(極微)의 에너지인 本心이라고 표현한다. 여기에서 조건에 의해 물질이 생성되었다.

세상에서 3가지 구성요소들이 각각 어떻게 생성되고 진행되며 완성되는지를 알아보자. 우선 물질[地]은 시간에 지배를 받는다. 시간(時間)은 사물의 변화를 인식하기 위한 개념이다. 물질은 유한하다. 물질의 소멸은 우주의 종말을 의미한다. 육체를 지닌 생명체도 물질대사를 할 수 없으면 사라진다. 즉 생명력은 물질에 종속되어 있다. 과학자들이 관측한 결과 우주는 계속 팽창을 하고 있으며 팽창속도가 가속하고 있음을 확인하였다. 이 사실을 근거로 우주의 미래를 예측하면, 수천억 년 혹은 수조 년이 지나면 은하단 사이의 간격은 더욱 넓어질 것이며 각 은하단은 혼자 남게 될 것이다. 그때가 되면, 별들은 수소를 다 소진하게 되어서 연소를 정지하게 될 것이고 별의 빛은 꺼지게 될 것이다. 물론 생명체들은 그전에 이미 사라질 것이다. 우주는 텅 빈 묘지로 변할 것이다. 남은 잔해들도 블랙홀로 빨려들어가 결국에는 블랙홀도 붕괴되어 우주는 텅 비게 될 것이다. 물질은 흔적도 없이 사라지고 무한대 허공만 남게 된다. 물질의 생성은 물질을 구성하는 에너지인 기본입자가 정보를 지니고 있어야만 가능하다. 다른 어떤 입자도 없이 홀로 있는 입자는 정체성을 상실하고 곧바로 사라진다. 물질의 생성은 입자 간의 정보가 교환되고 서로를 인식해야만 가능하다. 입자들이 서로를 인식하게 된 상태를 물리학적으로 입자들이 결합되었다고 표현한다. 물질의 입자들이 더 상위의 물질로 결합할 때 낱낱의 입자들이 가진 정보들이 결합하여 새로운 상위 정보를 형성하고, 그 통합적인 정보에 종속되는 새로운 물질이 생성된다. 또한, 양자실험에서 물질의 정보들은 입자들이 분리되어도 시공간을 초월해서 입자들을 연결시키고, 그 관계를 유지시킨다는 사실이 밝혀졌다. 이는 정보가 시공간의 법칙을 따르지 않으며, 물리적인 원리와도 무관하게 유지되고 있음을 알 수 있다.

생명체는 물질로 구성된 육체와 개체의식의 복합체이다. 한세상 동안 일어나는 물질의 결합관계에 관련된 모든 정보와 생명체들이 수많은 진화와 윤회를 거치면서 경험한 모든 정보가 축적되어 저장된다. 정신계는 개별적인 영혼들의 집합으로 구성되며 개별 정보는 모두 공유되고 통합되어 있다. 정보[天]의 세계는 물질과 생명체의 종말과 함께 마감[완성]된다.

6. 거무궤화(鉅無匱化): 본심이 존귀한 상자[匱]인 인간을 완성한다

나란 존재를 세월이 흘러도 나라고 여기는 것은 의식이 기억이란 정체성을 유지하기 때문이다. 세상에서 생명체들이 살면서 발생하는 정보들은 정신계에 자동으로 업로드된다. 우주의 팽창과 더불어 정보도 더욱더 늘어난다. 생물의 진화는 정보계에 정보가 축적되는 과정과 밀접하게 연결되어 있다. 모든 생명체의 경험과 지식은 각각의 정보계에 누적되어 저장된다. 이는 본심이란 무한의 에너지가 있어 가능한 것이다. 세상을 TV의 화면에 비유하자면 영상이 지속되는 것은 전원이 공급되고 있기 때문이다. 本心이 바로 전원이다. 전원이 꺼지면 세상도 사라진다.

티베트 불교에는 형형색색의 모래를 사용하여 우주를 형상화한 모래만다라가 있다. 만다라는 수행자가 명상을 통하여 우주의 핵심과 합일하고자 하는 깨달음의 경지를 도형화한 것이다. 여러 명의 수행자가 협업하여 그림을 완성한다. 그림 구성은 원과 사각형을 기본으로 하며 2차원의 도형이지만 다차원의 시간과 공간이 복합적으로 나타내고 있다. 수행자가 도형의 밑그림을 그린다. 의식에 내재된 정보가 현상계에 드러나는 순간이다. 한 줌의 모래가 뿌려지고 거기서부터 인과(因果)로 연결된 도형의 모습이 나타나기 시작한다. 한세상이 시작된다. 그림은 복잡하고 다양한 형상과 아름다운 색상의 조화를 이루며 점차로 공간으로 확장된다. 한세상이 변화하고 진화하며 펼쳐진다. 밑그림의 도형이 모래로 다 채워지면 그림은 완성된다. 우주의 완성이다. 모래는 강물에 버려져 흔적도 없이 사라진다.

한세상이란 물질의 생성부터 소멸까지를 말한다. 그 과정에서 발생하는 모든 것은 생명체란 인식기관을 통해 정보계에 저장된다. 누적된 정보의 수준은 점차로 진화 발전하며 고도로 높아질 것이다. 물질이 소멸되어도 정보로 저장된 영적에너지는 존재하며 다음에 한세상을 창조하는데 필요할 것이다. 이것을 가능케 하는 존재가 바로 우주심과 하나가 된 인간인 것이다. 이것이 한세상의 운명이고 결말이다. 우주는 인간에 의해서 완성된다.

중간점검: 처음 시작부터 윗글까지는 세상을 창조하기 전에 창조할 세상을 무엇으로 구성하며 어떻게 진행하고 매듭지을 것인가에 대한 창조원리와 목적에 대한 글이다. 세상을 창조하는 근본이 無이며, 이것이 本心임을 설명한다. 無는 존재하는 실체이고, 영원하며, 눈에 보이지 않는다. 한 세상을 구성하는 3요소인 정보, 물질, 인식체가 無로부터 나오고 집중과 확산의 창조원리로 세상은 초기에 단순하게 시작되지만 점차로 복잡하고 다양하게 펼쳐지고 전개될 것이다. 물질이 소멸되면 한 세상은 종결되지만, 우주는 영원히 지속된다. 이 과정에서 생긴 모든 정보는 인간에 의해 저장되고 보관된다.

7. 삼천이(三天二) 삼지이(三地二) 삼인이(三人二): 세상을 구성하는 天, 地, 人은 각각 2개씩 창조력을 지니고 있다

여기서 삼(三)은 천지인으로 구성되어 형체(形體)가 드러난 우리가 사는 세상을 가리킨다. 이 세상은 本心인 극미(極微)의 에너지가 형상화된 것이다. 여기서 天은 정보를 뜻하는 것이 아니라 우리가 보고 있는 하늘을 의미한다. 물리학자들은 에너지로부터 물질이 나왔다는 물질의 기원에 대해서 반(反)물질이라는 가상적인 존재를 통해 설명하고 있다. 창조된 입자는 시공간 내에서 존속하지 못하고 곧바로 격렬한 에너지의 방출과 함께 소멸되어 버리기 때문에, 물질은 반드시 반물질과 함께 창조되며, 물질과 반물질이 쌍으로 만나는 순간 양자(兩者)는 에너지의 형태로 변하면서 소멸된다는 것이다. 과학자들은 이 세상이 엄청난 위력의 대폭발[빅뱅]로부터 시작되었다고 한다. 찰나의 순간에 엄청난 에너지가 우주 허공으로 퍼져 나갔다. 에너지는 열과 빛으로 구성되어 있다. 열의 성질은 물질을 녹이고 태우는 것이고 빛은 특징은 확산[팽창]하는 성질이다. 빅뱅으로부터 허공[天]에서 빛과 열이 발생하여 확산[팽창]한다. 삼천이(三天二)란 이 세상[三]의 탄생이 허공[天]에서 빛과 열[二]의 성질인 확산과 용융·연소의 힘으로부터 시작되었음을 설명한 것이다. 우주물리학에 따르면 빅뱅 후 생긴 에너지 일부가 응결되어 최초의 물질이 생성된다고 한다. 물질은 우주의 재료로, 우주의 기본적인 구성 원료이다. 대폭발의 1032분의 1초 때인 10^{27}도의 온도 속에서 공간 속에 뿌려진 10억 1개의 양성자(陽性子)에 10억 개의 비율로 반(反)양성자가 생겨서 10억 개의 양성자와 반양성자는 서로 결합되면서 사라졌고 10억 개 가운데 살아남은 한 개의 양성자가 이 우주를 이루었다고 한다. 살아남은 기본 입자들이 결합하여 원자가 나타나고, 이 원자가 모여 먼지와 같은 작은 입자가 되고, 마침내 전혀 새로운 것, 별들이 만들어지기 시작한다.

　화학원소는 매우 큰 별이 폭발할 때 생겨난다. 대부분의 별은 수소 핵을 융합시켜 헬륨 핵으로 만들면서 대부분을 보내다가 수소를 모두 태워버리고, 헬륨을 태우고, 다음 단계의 원소들이 태워 지고, 별은 계속 수축하고 온도는 계속 올라가서 마침내 중력이 우위를 차지하게 되면 별 전체를 붕괴시킨다. 붕괴하여 폭발하면 어마어마하게 높은 온도로 올라가게 된다. 이 항성폭발을 초신성이라고 부른다. 폭발 이후 몇 초 동안 원소 주기율표의 모든 원소가 초신성의 폭발로 생성된다.

　생성된 모든 원소는 별의 주변 공간에 퍼지게 된다. 단순한 물질에서 별로, 별의 수준에서 은하의 수준으로, 그리고 초은하단의 수준으로 우주의 복잡성은 증가한다. 물질은 하늘에서 생겨난 에너지를 수축과 응결의 힘으로 결합할 때 생성된다. 물질이란 진동하는 에너지들의 결합되면서 진동수가 낮아져 우리의 인식체계가 그것을 감지할 수 있는 견고한 상태에 이른 것이라 할 수 있다. 이 결합하는 힘이 수축이며 수축의 결말로 물질이 형성된다. 삼지이(三地二)란 이 세상[三]의 물질[地]이 수축과 응결[二]의 힘으로 생성됨을 설명한 것이다.

　생명체[人]는 물질로 구성된 육체와 의식의 복합체[二])이다. 모든 생명체에는 의식이 있다. 의식은 자기라는 통합적 정보와 자신의 정체성을 유지시킨다. 의식은 육체기관인 두뇌의 활동에 그 기반을 두고 있다. 생명체는 육체의 존속을 위하여 외부로부터 에너지를 섭취하고, 자기와 같은 생명체를 만든다. 삼인이(三人二)란 이 세상[三]에 사는 생명체[人]는 물질인 육체와 정신인 의식이 결합된 존재[二]임을 나타낸다.

동양의 우주관은 세상은 음양의 상대성이 있어 존재하며, 확산과 수축의 순환변화 질서로 하나의 통일성을 유지하며 진화하여 완성을 이룬다는 것이다. 이를 이치로 풀이한 효시가 팔괘(八卦)이다. 음·양을 효(爻)란 부호로 표시하여 이를 우주만물을 대표하는 세 가지(天地人)의 원리에 따라 세 줄로 배합한 것이 괘다.

경우의 수가 $2 \times 2 \times 2 = 8$이므로 이를 8괘라 하였다. 이를 처음에 태호복희씨가 창안하였고, 그 후 문왕이 팔괘를 연역하여 64괘의 괘사(卦辭)를 풀이하였고, 주공이 384효의 효사(爻辭)를 풀이하였으며, 공자가 십익(十翼)을 달아 주역을 완성하였다.

8. 삼대삼합육(三大三合六): 天(열, 빛)+地(수축, 응결)+人(정신, 육체)=육(六)

천부경은 세상의 생성 변화원리를 3 요소들이 지닌 각각의 2가지 특성의 상호 결합으로 설명한다. 팽창과 수축의 힘으로 물질이 생성되고 결합되어 다양한 세상이 펼쳐지고, 조건이 성숙되자 생명체가 나왔다. 하늘과 땅과 생물들은 상호의존적이며 서로 영향을 미친다. 각각의 변화가 지구상에 얼마나 영향을 주었는지 살펴보자. 최초의 생명체인 원핵생물은 태양으로부터 온 엄청나게 풍부한 에너지를 이용할 수 있게 되었다.

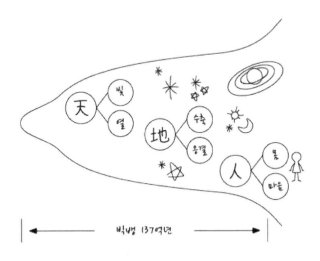

이 세포들이 태양에너지를 이용하기 위해 발전시킨 과정이 광합성이다. 광합성의 부산물로 생긴 많은 산소가 바다와 대기에 들어차자 지구는 산소가 풍부한 행성으로 변모되었다. 대략 25억 년 전에 진핵세포가 등장하고, 약 10억 년 전, 최초의 다세포 유기체가 출현했다. 이들은 다른 진핵생물과 결합하여 더욱더 복잡한 생물 형태를 만들었다. 광합성을 하는 초기의 생물들이 산소를 배출함으로써 초기의 종들을 전멸시키고 진핵세포의 진화를 가능하게 하였다. 어떤

종들은 대기에서 탄소를 흡수하여 껍질을 만들었는데, 그것이 죽어 바다 밑으로 가라앉아 수백만 년 동안 묻혔다. 그들이 석회암과 같은 두꺼운 퇴적암층을 형성하였다. 이런 방식으로 작은 생물이더라도 그것이 지구 전체에 걸쳐 새로운 지질학적 지층을 만들어냈다. 또한, 어떤 다른 유기체들은 땅속에 묻혀 오늘날 석탄, 석유, 천연가스, 즉 화석연료의 형태로 인류의 문명을 이끄는 에너지로 사용되고 있다.

천문학적 요인들이 생물권의 역사에 지대한 영향을 미쳤다. 태양은 모든 유기체에게 에너지와 빛의 원천이다. 대륙판의 거대한 운동은 엄청난 양의 메탄과 이산화탄소 등의 온실기체를 방출시키고 대기 중의 산소량을 감소시키는 대규모의 화산 폭발을 일으킨다. 하늘[天]과 땅[地]과 생명체[人]의 조화로 세상은 움직이고, 변하고 진화한다.

9. 생칠팔구(生七八九): 6+1(天)=7, 6+2(地)=8, 6+3(人)=9

세상을 구성하는 천지인(天地人) 3요소는 상호 간의 힘의 균형이 균등하여 정체된 것이 아니라 늘 변화하고 움직인다. 세상을 움직이는 여섯 가지의 기운이 일정한 본심이 설정한 범위 내에서 때로는 서로 대립[상극]하면서, 때로는 조화[상생]를 이루며 작용한다. 이렇듯 시간과 공간을 축으로 하늘[天]과 땅[地]과 생명체[人]는 상호 의존적이며 서로 영향을 주고받으면서 변화하고 진화한다. 7, 8, 9가 생긴다는 뜻은 이러한 변화원리를 숫자의 변화로 설명한 것이다. 숫자를 가지고 어떤 징조를 파악하는 방법을 상수학(象數學)이라 하는데 동양에서는 수 세기에 걸쳐 '오행론'이란 학문으로 이론화하였다.

세상의 모든 만물은 음양과 오행의 기운을 모두 가지고 있으며 오행설의 골자는 세상만물은 목화토금수(木火土金水) 다섯 가지의 기본 요소로 되어있으며, 이 다섯 가지 재료는 각기 고유한 성질을 가지고 상호작용을 한다는 것이다. 이 상호작용은 하나의 재료가 다른 재료에 이로운 작용을 하기도 하고 또는 해로운 작용을 하는데 이것을 상생(相生)과 상극(相剋)이라고 한다. 오행의 기본 성질은 다음과 같다. 목(木: 숫자 8)기운은 끊임없이 뚫고 나가고 싶어 하는 성질로 봄을 상징한다. 생명[木]은 하늘과 땅의 조화로 탄생한다. 화(火: 숫자 7)기운은 끊임없이 흩어지고 팽창하려는 성질로 여름을 상징한다. 그렇지만 사람이나 나무가 계속 자라기만 하고 늙지 않는다면 어떻게 되겠는가? 토(土: 숫자 5)는 목화금수의 기운을 조율하고 중개하는 역할을 한다. 봄, 여름, 가을, 겨울로 넘어가는 과도기마다 작용을 한다. 토는 보이지 않게 작용을 한다. 이 문구에서 5가 없는 까닭이다. 금(金: 숫자 9)은 끊임없이 모으는 성질로 가을을 상징한다. 여름에서 가을로 바뀌는 과정에서 살릴 것을 살려 수렴시키는 결실의 역할을 한다. 수(水: 숫자 6)는 끊임없이 단단해지고 싶어 하는 성질로 겨울을 상징한다. 농부는 씨앗을 다음에 오는 봄에 싹 틔우기 위해 겨울 동안 저장해 둔다. 水는 끝과 시작의 뜻을 동시에 보유하고 있으며 생명을 탄생하고 유지시키는 기운이다. 지구의 일 년이 봄 여름 가을 겨울의 사계절 변화로 구성되듯이, 인간의 삶도 우주의 운명도 생장수장(生: 8, 長: 7, 收: 9, 藏: 6)의 주기를 벗어날 수가 없다. 우주의 삼라만상은 음과 양의 조화와 상생상극의 두 힘이 맞물리지 않고는 존재할 수 없다.

10. 운삼사성환오(運三四成環五): 3요소가 4힘으로 모여 결합한다

물리학에서 물질의 기본단위인 원자가 양성자 중성자 전자의 3가지 요소로 구성되어 있고, 원소 속에 들어있는 양성자의 수를 원자의 번호로 정하였다. 다시 양성자와 중성자는 각기 3개의 쿼크로 이루어졌음을 현대 물리학은 밝히고 있다. 현재까지 물리학적인 실험으로 그 존재가 확인한 물질의 최소 입자는 쿼크다. 각 입자의 성격은 양(陽)과 음(陰) 그리고 중성의 3가지로 구분된다. 이 물질들은 고정된 것이 아니라 끊임없이 진동(運)하는 존재다. 우주의 창조력이 상반된 힘으로 발휘됨을 음양의 원리로 설명하고 있다. 여기에는 이를 중재하고 조율하는 중간적 존재가 필요하다. 하늘 땅 사람, 고체 기체 액체, 가위 바위 보를 이해하면 알 수가 있다. 이런 물질을 구성하는 입자들 상호 간에 작용하는 4가지 힘이 있다.

첫 번째가 뉴턴이 사과나무에서 사과가 땅으로 떨어지는 것을 보고 발견한 중력이다. 중력은 질량을 가진 모든 물질이 서로 끌어당기는 힘인 인력을 천체에 적용할 때의 힘이다. 거시적 세계에서 중력의 크기와 작용은 수학적으로 계산할 수 있으므로 천체의 움직임이나 물건의 낙하운동 등은 거의 정확하게 예측할 수 있다.

두 번째 힘은 전자기력이다. 입자 중에는 양전하를 띠는 양성자와 음전하를 띠는 전자가 있는데 전하를 가진 입자들은 서로 같은 전하끼리는 밀어내고 다른 전하끼리는 끌어당긴다. 우리가 촉감으로 주변의 사물을 구별하면서 생활할 수 있는 이유는 전자기력이 만들어내는 마찰력과 무게를 만드는 중력 때문이다.

세 번째 힘은 원자핵 속에서 양성자들을 결합시킴으로써 물질이 유지될 수 있게 만드는 강한 핵력이다. 양성자는 모두 양전하를 가지는 입자들이기 때문에 전자기력으로 서로 반발하여 밀어내게 된다. 전자기력은 대단히 강한 힘인데 양성자들이 서로 결합한 상태를 유지하려면 양성자들 간에 서로 밀어내려는 전자기력을 억누를 만큼 더 강한 힘이 양성자들을 서로 묶어놓아야 한다. 이 힘을 강한 핵력(强力)이라고 한다. 원자핵 내부에서 양성자들을 묶어놓는 힘이 얼마나 강력한 것인가는 강력이 풀어져서 양성자들이 분리될 때 발생하는 원자폭탄의 위력으로 짐작해볼 수 있다.

네 번째 힘은 양성자에서 방사선을 배출하거나 원자핵을 붕괴시키는 힘인 약한 핵력(弱力)이다.

물질세계를 존재할 수 있게 해주는 근본적인 힘이 이 4가지다. 모든 원자[또는 분자]의 결합은 결합하는 원자나 분자간의 최외각 전자의 상호작용에 기인한다. 이웃하는 원자[또는 분자]) 간에 최외각 전자를 서로 공여하거나 주고받아 결합은 이루어진다. 이웃하는 두 원자 간에 전자를 주고받거나 공동으로 소유(공유)하여 이루어지는 결합이 원자로부터 분자를 만드는 결합이다. 분자간의 결합도 비슷한 원리로 이뤄진다. 이 결합의 형태가 고리[環] 모양으로 형성된다. 세상의 물질은 3가지 성격을 지닌 원소들이 4가지 힘으로 결합됨을 의미한다. 여기서 5란 의미는 다음 글의 입체적 의미의 7과 대비하여 결합원리가 고리처럼 연결되어 형성됨을 평면적으로 설명한 것이다.

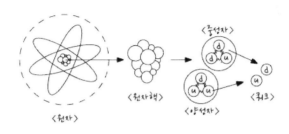

쿼크와 원자

인간은 영(靈), 혼(魂), 육(肉)으로 구성되어 있다. 영은 본래부터 인간이면 갖추고 있는 本心이다. 혼은 세상을 살면서 감각기관을 통해 입력된 자기라는 정보다. 육은 몸을 말한다. 하늘의 기운(陽)인 의식과 땅의 기운(陰)인 물질의 결합체로 중간적인 인간은 세상을 살면서 감정이 담긴 수많은 사연을 감각기관을 통해 받아들인다. 이들이 축적되어 마음체인 혼이 만들어진다. 사람들은 이것을 자기라고 여기고 자기중심적으로 세상을 분별하며 살아간다. 이것이 윤회를 일으키는 업력(業力)이다. 이 업력을 일으키는 힘이 태어나고 성장하면서 겪는 하늘, 땅, 시간이라는 환경 조건 속에 만난 인연과의 사연이다. 사람은 태어나서는 부모, 자라서 성인 되어 결혼해서는 배우자와 자식, 살면서 만나는 형제, 이웃 등과의 인연을 맺고 살아간다. 인간 완성의 책무를 완수하기 위해서는 다양한 혼의 경험이 필수다. 따라서 하늘 땅 시간 그리고 수많은 인연은 나를 완성시키는 조건이자 힘이다. 이 4요소들이 마치 고리(環)처럼 나를 둘러쌓고 있다.

11. 칠일묘연(七一妙衍): 하나(一)에서 오묘하게 7(七)이 나왔다

7은 완성을 의미한다. 하나[一]가 중심이 되고, 그 기운이 4방으로 뻗히면 고리모양[環]의 5가 형성되어 평면이 성립된다.

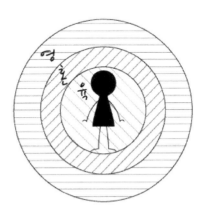

인간의 구성요소

여기에 위와 아래로 기운이 뻗치면 7이란 입체적인 완성의 형상이 이루어진다. 물체의 존재를 7로 설명할 수 있는 이유이다. 인간의 인생도 나를 에워싼 주의의 인연과 하늘 땅의 기운과 교감하며 시간의 흐름 속에 입체적으로 관계가 이뤄진다고 할 때 하나[一]가 오묘한 이치로 7로 상징되는 물체와 인간으로 세상에 드러남을 나타낸다. 우주의 기운이 공간에서는 천지인의 3요인이 작용하고, 시간의 흐름으로 작용할 때는 4[생장수장]로 작용한다. 이 공간의 기본 마디 3과 시간의 기본 마디인 4를 더하면 7이 된다. 7은 세상이 작용하고 전개되는 기본수이다.

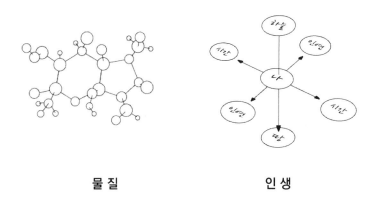

물 질   인 생

중간점검: 三天二부터 여기까지는 보이고 드러난 세상에 관한 내용이다. 本心이 세상을 3가지 요소[天地人]로 창조하고 각 요소에 2가지 힘을 부여해 세상이 형성되고 이 6개의 힘이 세상을 굴리고 각

각의 힘들이 대립과 조화를 이루면서 세상은 변화한다. 본심이 상념으로 품었던 각 요소가 형체를 이루고 역할을 하는 것이 오묘하구나!

12. 만왕만래(萬往萬來): 수많은 것들이 생기고 사라져도

만왕만래(萬往萬來)의 왕래(往來)라는 글자에 함축적으로 내포되어 있다. 왕래의 한자 뜻은 시간적인 의미로는 '오고 간다'라고 해석하지만, 공간적인 의미의 뜻은 '확산과 수축'이라는 의미도 있다. 이것을 동양에서는 역(易)이라 하였다. 역이란 우주의 시작부터 발전하는 모든 과정의 변화를 뜻하는 한자어이다. 이 글자의 구성은 日과 月의 합자로, 음(陰)과 양(陽)을 상징한다. 우주변화의 원리를 수리적으로 표현한 것이 괘(掛)이고 이를 다룬 책이 주역이다.

13. 용변부동본(用變不動本): 쓰임은 변해도 근본은 변하지 않는다

우주는 本心이 천, 지, 인을 창조하고 이들 3개의 구성요소는 각기 2개의 힘을 지닌다. 이를 수리적으로 정리하면 3×2=6이란 경우의 수가 생긴다. 6가지 요소가 조화와 대립의 상호작용으로 생장수장(生長收藏)이란 우주의 변화를 이끈다. 이 과정이 한세상이다. 이들 작용은 변하지만 근본인 本心은 변함없이 항상 그대로다.

14. 본심본태양(本心本太陽): 크고 밝은 本心이 근본이다

본심(本心)이 근본이고 본심이 크고 밝다는 뜻이다. 本心이란 말

그대로 '본래부터 스스로 존재하는 마음'이다. 세상을 창조하는 창조주 조물주이며 하나님, 부처님, 알라, 진리이다. 무형이지만 물질과 정신의 경계가 구분 없이 하나로 존재하는 무한대 에너지이다. 생멸 변화를 떠난 절대적이며 항상 존재하는 실체이다. 이 존재를 보고 아는 것이 성령체험이고 견성이고 깨달음이다.

크다는 의미는 수평공간은 무한대이고 수직공간은 다층(多層)구조란 의미다. 최신 물리학인 M 이론에서는 다양한 차원의 공간이 9차원까지 있으며, 이들이 11차원 시공간 속을 떠다닌다고 한다. 불교에서는 삼천대천세계(三千大天世界)라는 표현으로 매우 방대한 우주관을 설명한다. 우주를 크게 나눠서 종적으로는 욕계(慾界), 색계(色界), 무색계(無色界)라는 삼계(三界)의 28천(天)으로, 횡적으로는 33천의 구조로 펼쳐져 있다고 한다. 불교의 우주관은 인간의 눈에 보이는 부분이 전부가 아니고, 과학이나 육안으로 포착되지 않는 매우 다양한 차원으로 구성되어 있다고 가르친다.

인간의 영적 본질의 핵심에 관한 문제를 다루는 신지학에서는 우주가 7층으로 물질계, 아스트랄계, 멘탈계, 코잘계, 붓디계, 아트마계, 제일 상위의 신계로 구성되어 있다고 한다.

본심이 밝다는 것을 성경에서 '예수께서 이르시되 네가 어찌하여 나를 선하다 일컫느냐 하나님 한 분 외에는 선한 이가 없느니라'라는 글귀로 알 수가 있다. 플라톤의 이데아 사상은 인간은 지성으론 진(眞)을 추구하고, 의지로는 선(善)을 추구하고, 감성으론 미(美)를 추구함으로써 신(神)에게 다가갈 수 있다고 하여 本心이 바로 眞善美임을 가르쳤다. 불교의 목표는 모든 중생이 갖추고 있는 本心인 불성(佛性)의 발현하여 참된 세상인 불국토(佛國土)를 구현하는 것이다. 불성의 실천행이 육바라밀(六波羅蜜)이다.

첫째 보시란 남에게 베푸는 마음인 사랑이다. 둘째 지계란 계율을 지키며 잘 간직하는 정의이다. 셋째 인욕이란 참고 감내하는 행위인 예절을 말한다. 넷째 정진이란 끊임없는 불굴의 노력으로 성실함을 말한다. 다섯째 선정이란 정진을 통해 마음이 어느 한 대상에 집중되어 통일된 상태를 일컫는다. 이러한 지혜를 여섯 번째 반야(般若)라 한다. 대승불교에서 자기를 위한 수행이 곧 남을 이롭게 하는 것이요, 남을 위하는 것이 자기의 도를 이롭게 한다는 자리이타(自利利他)의 실천행을 최고의 가치로 여겼다. 진정한 깨달음은 모든 중생과 더불어 깨달음을 얻는 것이다.

유학에서는 하늘이 부여한 인간의 본성은 본래 선(善)하며, 여기에는 어질고, 의롭고, 예의 있고, 지혜롭고, 믿음인 인의예지신(仁義禮智信)이란 다섯 가지 도리(道理)가 담겨 있다고 한다. 이를 실천하는 자를 군자라 하고 완성을 이룬 자를 성인이라 하여 '성인군자'를 유가의 도덕적 수양론의 궁극 목적으로 삼았다. 본심은 무형의 에너지로 사랑, 자비, 인의 심성을 품고 있어 깨달음을 얻은 자를 통해 발현된다.

15. 앙명인중천지일(昂明人中天地一): 깨달은 자 안에 세상이 하나가 된다

앙명인(昂明人)은 '밝음에 오른 자'로 깨달은 인간을 말한다. 깨달음이란 개체적 자아인 에고를 버리고 전체의식으로 영적 도약을 의미한다. 이것이 천부경의 보물[세상]을 담는 궤(匱)인 각자(覺者:깨달은 자)이고, '나는 아버지 안에 있고 아버지는 내 안에 계신다'라고 말씀하신 예수님이고, 불교의 일즉다 다즉일(一即多 多即一: 하나가 그대로 전부이며, 전부가 그대로 하나이다)의 경지에 이른 분이다. 깨달음을 이룬 자의 의식에 세상 일체가 담긴다.

16. 일종 무종일(一終 無終一): 한 세상이 끝난다. 무(無)가 한세상을 마무리한다

맨 처음의 일시 무시일(一始 無始一)대비되는 글이다. 한세상이 끝난다. 無가 한세상을 끝낸다. 이는 시작도 끝도 없는 무한의 우주에서 수많은 세상이 생기고 사라져도 본래는 영원함을 의미한다. '모든 시작이 있는 것은 끝이 있다(Everything that has a beginning has an end.)'

5부

깨달음의 원리

5부. 깨달음의 원리

세상의 이치

천부경을 제대로 이해하려면 본심(本心)의 존재를 알아야 한다. 본심을 인식하려면 의식이 이 지체가 되어야 알 수가 있다. 이것을 알려는 방법이 기도, 명상, 참선, 수련 등이다. 이 존재를 보고 아는 것을 깨달음이라 한다. 깨달음은 오직 체득으로만 알 수 있는 지극히 주관적인 영역이다. 따라서 방법의 전수는 비급으로 전해지거나, 종교적인 관념으로 포장되어 후대에 전해진다. 본인이 체득한 경위와 방법을 객관적으로 정확히 분석하고 재현하기가 어렵기 때문에 다양한 방법이 범람하게 되었다. 따라서 깨달음을 얻는 것이 극소수의 출가자들에게만 가능한 것으로 변질되었고, 체험을 통한 설명이 어렵게 되자, 이를 학문적으로 짜깁기 한 사이비 방법들이 깨달음을 점점 관념적이고 현학적으로 변질시켰다.

천부경은 본심이 3가지 요소를 구성하여 세상을 창조하였음을 밝히고 있다. 3요소는 정보[天], 물질[地], 생명체[人]이다. 3요소 각각에 내재된 2가지 성질이 조화와 대립으로 세상은 점차로 복잡하게 발전하였다. 물질은 의식인 에너지의 결합으로 생성된다. 물질의 생성과 변화 속에 생명체들은 삶을 영위하고, 이에 대한 경험과 내용은 정보계로 피드백(feedback)되면서 본심의 창조력은 무한하게 펼쳐진다. 마침내 유한한 물질의 존재 기간이 마감되면 한세상이 종료되고, 축적된 정보는 마치 컴퓨터를 업그레이드 하듯이 다음의 한 세상을 창조하는 본심을 풍성하게 할 것이다. 인터넷의 포털사이트에 방대한 정보도 입·출력장치가 없다면 무용지물일 것이다. 한 세상의 입·출력장치가 바로 인간인 것이다. 개인용 PC에 OS는 공통이지만 저장된 내용은 천차만별일 것이다. 이 개인용 컴퓨터에 내장된 각각의 정보는 한정되어 있지만, 인터넷을 통하면 수많은 정보를 공유할 수가 있고 저장할 수가 있다. 깨달음이란 자기중심의 정보로 한정되어 살아가는 에고를 인터넷에 연결하듯 전체의식으로 확장하는 것과 같은 원리다. 다만 컴퓨터는 앱을 설치하고 선을 연결하면 되지만 깨달음은 이루려면 원리를 이해하고 이에 대한 정확한 방법과 실행이 필요하다.

깨달음이란

깨달음이란 '깨고 도달하다'라는 뜻이다. 이를 분석하면 3단계로 구분하여 설명할 수 있다. 첫째는 깨뜨리고 벗어나야 할 대상을 정확히 아는 것이다. 대상에 대해 설정한 범주를 누구나 이해할 수 있어야 한다. 둘째는 깨는 방법과 도달하는 방법이 있어야 한다. 방법은 간단하고 정확하고 효과가 확실해야 한다. 셋째는 도달한 의식에 대해 선명하고 확실한 체득(體得)이 있어야만 한다.

인간은 태어나서 살아가는 동안 수많은 사연을 겪는다. 이 산 삶의 기억이 자기라는 정체성의 근간이 된다. 기억 속에는 대부분 그 당시에 느껴졌던 감정이 묻어있다. 같은 부모 밑에서 자란 형제들도 과거에 함께 겪은 같은 상황에 대한 기억들이 서로 같지 않을 것이다. 이 감정이 묻어있는 기억의 내용은 자가 이외는 누구도 알지 못한다. 기억은 자기중심적으로 저장된다. 이러한 경험들이 누적되어 자기만의 관념과 관습이 형성된다. 이것을 없애버리고 높은 차원으로 영(靈)적인 상승을 하는 것이 깨달음이다. 이것이 기독교에서 자기가 지은 죄와 원죄를 참회와 회개를 통해 구원에 이르는 것이고, 불교에서는 거짓 나를 수행[독경, 염불, 참선 등]을 통해 벗어[해탈]나서 열반에 드는 것이다. 이는 물질의 변화가 아니라 의식의 변화이다. 우리의 의식은 뇌와 밀접하게 연결되어 있다.

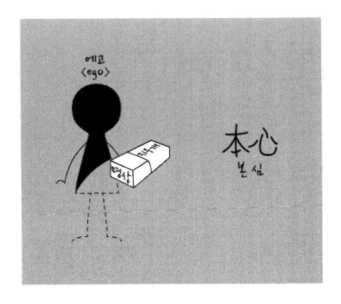

깨달음

뇌의 출현

세포는 처음에는 단 한 개의 세포로 하나의 생명체를 이루었다. 그러다가 여러 개의 세포가 합해져서 유기체를 만들었는데, 아마 이렇게 여러 생명이 연합하는 것이 좀 더 생존에 유리했기 때문일 것이다. 세포가 여러 개 합쳐짐으로써 생명활동에 분업이 가능하게 되고 좀 더 복잡한 기능이 더해졌다. 그중에서 가장 괄목할 만한 변화가 정보의 취득과 해석이라는 부분이었다. 애초에 생명은 감각기관이 없어서 빛이나 소리, 열 따위는 있는 줄도 몰랐으며, 있으나 없으나 아무 지장이 없었다. 그때 생명체는 무생물들과 별 다름없는 방식으로 주변의 정보를 인식했다. 감각기관이 없어도 소통이 가능한 정보가 존재했다는 것이다. 그 정보의 수신부는 생명체에 별도로 만들어지지 않았고, 아마도 생명체의 몸 전체로 감지했을 것이다. 받아들인 신호를 처리하고 해석하는 기관도 당연히 없었고, 받아들인 신호와 해석된 신호의 구분도 없었을 것이다. 신호 자체가 해석된 상태의 정보여서 처리 과정을 필요로 하지 않았다. 지금은 여러 정보로 분화된 색깔과 형태, 소리와 맛, 냄새가 모두 하나로써 총체적으로 전달되고 있지만 맨 처음 생명계는 감각과 의식이 분리되지 않은 통합의식의 상태로 머물러 있었을 것이다.

생명체는 자연 속에서 수많은 자극을 받게 된다. 감각으로 느끼는 정보라는 것들이 원래는 생명체에 가해지는 자극이었다. 원시상태의 바닷물 속에 떠오르는 태양은 강렬한 빛을 침투시켜 백열등처럼 바닷속을 환하게 비추었다가, 밤이 되면 칠흑 같은 암흑의 장막을 쳤을 것이다. 밝은 빛은 생명체에게 엄청난 자극이었다. 어디선가 화산이 터지고 땅이 갈라지면 엄청난 굉음이 수중에 울려 퍼졌을 것이고, 이 음파의 충격은 생명체를 뒤흔들었을 것이다. 벌겋게 녹은 용암이 바닷속으로 흘러들면 뜨거운 열이 연약한 유기물로 된 생명체를 태우거나 녹이기도 했을 것이다. 혹은 화산재가 하늘을 뒤덮어 태양열을 차단하면 바닷속은 빙하기처럼 결빙되어 혹독한 추위 속에 생명을 가두기도 했을 것이다. 뜨겁고 차가운 열의 자극만이 아니라 깊은 바다에 가라앉은 생명에게는 끔찍한 압력도 가해졌을 것이다. 이런 자극들은 감각기관이 없는 생명에게는 일반적인 느낌과는 다르게 전해졌을 것이다. 빛과 열과 소리는 전부가 하나의 파동이라는 형태로 하나의 신호체계로 생명체에 전해졌을 것이다.

생명이 진화하고 점점 더 많은 세포가 합해지자 특정한 자극에 더 예민하게 반응하는 세포들이 생기게 되었다. 빛 자극에 예민하게 반응하는 세포들이 생겨나 생명체의 특정한 부위에 모이게 되었고, 음파의 충격에 반응을 잘하는 세포들 역시 같이 뭉치게 되었는데 이것들이 나중에 눈으로 발달하고 귀가 되었다. 특정한 매개물을 통해 전달되는 특정한 신호들을 같은 것끼리 구분할 수 있게 되고 이것을 수신하는 부위가 생기게 되면서, 모든 정보를 통합해서 총체적으로 받아들이던 전신의식이 정보의 성격에 따라 세분되기 시작했다. 의식의 일부가 시각정보를 해석하는 것을 전담하게 되고 의식의 다른 일부는 청각정보에 할당이 되고, 다른 부분은 촉감 등을 인식하는 데 쓰이면서 의식도 감각에 따라 분화되었다. 원래 하나로서 기능하던 총체적 의식이 감각기관의 생성에 따라서 갈라졌는데, 이렇게 분화되어 감각에 종속된 의식이 생기게 되었다. 감각기관이 처음에는 하나이다가 눈이 생겨 빛을 인식하게 되면 의식이 둘로 나누어지고, 귀가 생겨서 소리가 들리기 시작하면 다시 셋으로 나누어졌다. 이렇게 다섯 개의 감각기관이 생길 때마다 의식의 일부를 할당하다 보니 나중에 남은 부분이 여러 감각기관으로부터 들어오는 정보를 취하여 종합하는 역할을 맡게 되었다. 각각의 식이 합쳐진 것이 통합하여 하나의 유기체에 의식을 형성한다. 이 엄청난 양의 정보들이 하나로 통합하는 기능의 생명체들이 모인 기관이 뇌이다. 외부의 자극에 민감하게 반응하는 세포들이 한 곳으로 모여 특정 자극을 더 빠르고 정밀하게 인식하고 반응할 수 있게 됨으로써 생존과 번식에서 유리한 경쟁력을 갖게 되었다. 그래서 특정한 세포들이 독점적으로 받아들인 정보를 공유할 필요성이 생기게 되었다. 이것이 바로 신경망이다. 동시에 신경망을 통해 전해진 정보들을 취합하여 다시 온 몸에 배분하는 전문기관이 생겨나게 되었고 이것이 뇌인 것이다.

뇌의 진화

인간의 뇌는 크게 파충류 뇌, 포유류 뇌, 영장류 뇌의 세 부분(3층)으로 이루어져 있다. 이는 뇌의 진화와 밀접한 관련이 있다. 파충류 뇌가 변해서 포유류, 포유류 뇌가 변해서 영장류 뇌가 된 것이 아니라 파충류 뇌를 포유류 뇌가 덮고 그 위에 영장류 뇌가 덮고 있다. 3개의 뇌는 어느 정도 협동해서 일 하지만 서로 떨어져 독립적인 기능을 한다. 첫 번째 부위인 1층은 뇌의 가장 밑바닥에 있는 후뇌[뒷뇌]로, 뇌줄기[뇌간]와 소뇌로 구성되어 있으며, 호흡·심장박동·혈압조절 등과 같은 생명 유지에 필요한 기능을 담당하고 있다. 그래서 의지를 담당하는 이 부위를 '생명의 뇌' 또는 '파충류 뇌'라고 부른다. 두 번째 부위는 후뇌 바로 위에 있는 중뇌[중간뇌]다. 중뇌는 위 아래로 모든 정보를 전달해 주는 중간 정거장 역할을 하며, 감정 기능을 담당하고 있다. 포유류들이 흥분과 공포로 울부짖거나 으르렁거리며, 움츠리기도 하고 꼬리를 흔들며 애정을 나타내기도 하는데, 이러한 감정적 행동을 담당하는 이 부분이 발달하였기 때문이다. 인간 뇌에서는 이런 감정은 변연계 부분에서 일어난다. 감정 표현은 파충류에게는 발달하지 않은, 포유류만이 가진 고유의 행동이기 때문에 '감정의 뇌' 또는 '포유류 뇌'라고 부른다. 세 번째 부위는 대뇌 피질부가 있는 전뇌[앞뇌, forebrain]로 가장 최근에 진화한 것이다. 전뇌는 고도의 정신 기능과 창조 기능을 담당하고 있는, 인간만이 가진 인간의 뇌이기 때문에 '인간의 뇌' 또는 '이성의 뇌'라고 부른다. 또한, 이 부위는 생각이란 기능으로 학습과 기억을 하는 중요한 뇌 부위이다. 대뇌 피질부가 발달한 덕분에 우리 인간은 오늘날과 같은 인류 문명을 창조하게 되었고 만물의 영장으로 군림하여 세계를 제패할 수 있게 되었다. 이 대뇌[신피질]가 뇌의 80%를 차지한다. 인간의 뇌는 성인의 경우 1200g 내지 1500g 정도로 몸무게의 2% 정도이지만 인간이 섭취한 산소와 혈액량의 약 20%를 사용한다.

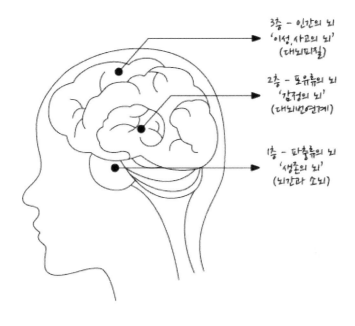

3층 - 인간의 뇌
'이성,사고의 뇌'
(대뇌피질)

2층 - 포유류의 뇌
'감정의 뇌'
(대뇌변연계)

1층 - 파충류의 뇌
'생존의 뇌'
(뇌간과 소뇌)

파충류뇌   포유류뇌   인간뇌

뇌의 기능

생명체의 특성은 자기라는 통합적 정보를 가지고, 자신의 정체성을 유지하기 위하여 외부로부터 에너지를 섭취하고, 자기와 같은 생명체를 만드는 것이다. 이 의식이 자기 보존 능력을 극대화해 주위의 환경과 조건에 맞게 육체를 변화시켜 나가면서, 물리적인 세계에서 실현 가능한 제일 나은 방법을 찾아간다. 이런 일련의 의식작용은 뇌에서 실행된다.

뇌는 물질계의 현상을 정신계로 연결하는 신비의 다리 역할이다. 인간이 세상을 인지하고 반응하는 행태를 의지, 감정, 생각의 영역으로 나눈다. 의지 영역인 파충류의 뇌는 태어날 때부터 생존에 필수적인 본능적 프로그램으로 고정되어 있어서 기억하고 생각하는 기능이 거의 없고 본능적으로 움직일 뿐이다. 정형화된 인간의 행동을 담당한다. 인류역사를 살펴보면, 수렵이나 채집을 하는 원시인으로 살았던 기간이 문명인으로 살았던 기간보다 약 1,000배 이상 길다. 포유류의 뇌는 감정을 발생시키는 뇌다. 어떤 대상을 보고 좋은 것과 나쁜 것을 본능적으로 판단한다. 이성적으로 판단하기 어렵게 된다. 감정적인 사고를 돕는 역할을 한다. 인간이 특정 대상을 이성적인 판단으로 보고, 판단하게 하는 것이 아니라 감정적인 기준으로 판단하는 것이다. 포유류의 뇌는 인간이 합리적인 이성의 존재라기보다는 본능과 감정에 좌우되는 감정적 존재에 더 가깝다는 것을 설명한다. 인간의 뇌라 불리는 대뇌피질은 합리적 사고, 논리적 분석, 언어기능, 연산기능 등과 같은 고도화된 역할을 담당하므로 인간다움을 만들어주는 뇌이다. 이렇게 뇌는 주요한 3가지로 구분되는데 인간의 행동에 가장 큰 영향을 미치는 순서는 "파충류의 뇌 → 포유류의 뇌 → 인간의 뇌"라는 것이다. 만약 이 순서가 반대 방향이었다면 인간은 매우 합리적이고 감정에 쉽게 영향을 받지 않겠지만 아쉽게도 인간은 본능과 감정에 너무 쉽게 흔들리는 존재이다. 이러한 구조적인 특징으로 인해 인간의 뇌는 인간의 행동에 있어 마지막으로 개입하며 영향력도 가장 떨어진다.

뇌의 제어

현재 인류사회를 지배하는 것은 인간 뇌일까? 인간의 뇌는 인간다움을 만들어 주는 뇌라고 하는데, 인간다움이란 무엇일까? 인간의 큰 특질은 사랑 등 삶보다 우월한 가치가 있다고 끊임없이 생각하고 믿는다는 점이다. 그 가치는 세상의 가치뿐만 아니라, 세상을 초월한 가치다. 물질을 추구하는 인간이지만, 물질주의를 거부하는 주장에 공감하는 것도 인간이다. 이것이 인간다움이다. 이에 대비되는 생존을 위한 불안감이나 위기감은 파충류 뇌를 활성화 시킨다. 아마도 원시시대나 전쟁, 기아, 질병이 창궐한 시대에는 인간도 생존을 위해 파충류 뇌가 다른 차원의 뇌를 제어했을 것이다. 현재 인류의 삶을 지배하는 뇌는 바로 '포유류 뇌'인 것이다. 포유류 뇌는 본능과 감정에 좌우되는 감정적 존재로 대상을 인지하고 자기중심적인 사고의 틀로 대상을 판단하고 분별한다.

이를 경계하기 위해서 인간은 사회적인 규범인 도덕, 법, 관습, 등을 제정하고 선과 악을 구분하는 윤리교육과 실천 가치를 높이 평가하여 사회를 유지해왔다. 종교 가르침의 핵심도 이기심을 다스리고 인간다운 삶을 살라는 것이다. 기독교는 십계명이란 계율을 정하여 이기심을 버리게 하였고, 산상수훈에서는 올바르게 사는 법을 말씀하셨다. 불교에서 탐욕[貪], 증오[瞋], 어리석음=무지[癡], 이 세 가지를 '삼독(三毒)'이라고 하여 경계케 하였고, 팔정도를 실천 덕목으로 제시하여 참다운 인간의 삶을 가르치셨다. 유교의 성리학에서는 사단칠정(四端七情)으로 인간에게 다스려야 할 감정과 지켜야 할 도리를 설명하였다. 인간의 감정과 탐욕과 증오는 감정의 영역이다. 이것이 포유류 뇌의 특징이다. 이는 본심의 존재를 모르는 '어리석음(癡)' 즉 '무지(無知=무명)'에 소산이다. 똑똑한 인간이 탐욕에 빠지는 것도, 멀쩡한 사람이 증오에 빠지는 것도 모두 어리석음의 소산이다. 자기의 근본을 모르고 육신에 의식이 갇혀서 유한한 이 몸만을 위해 살고 있는 것이다. 몸에 의식이 묶여서 사는 삶이 바로 포유류 뇌의 삶을 살아가는 것이다. 인간 뇌의 영역인 학습과 생각, 창조력도 탐욕의 포유류 뇌에 지배를 받고 있다. 동물들도 종족끼리 싸우기도 하도 죽이기도 하지만 자연이 정한 한계를 넘지 않는다. 인간의 탐욕과 증오는 기계문명의 원동력으로 작용하면서 무수한 폭력과 전쟁, 인종차별, 종교 간의 갈등을 지속해서 야기 시켜왔다.

현재 인류의 대부분은 생산 수단을 가진 자본가 계급이 노동자 계급으로부터 노동력을 사서 생산 활동을 함으로써 이익을 추구해 나가는 경제 구조체제인 자본주의(資本主義: Capitalism) 시대에 살고 있다. 자본의 쉼 없는 이윤추구와 끝없는 축적을 동력으로 인류는 물질적인 혜택을 누리고 있다. 자본주의 특성은 '공급량이 언제나 수요량보다 많다'는 것이다. 이를 해결하려고 자본가들은 필요를 뛰어넘는 막대한 소비를 창출해서 공급과잉 문제를 해결하기 위해 필사적이다. 과잉된 생산물을 해결하기 위해 유행을 만들고 차별화를 통해 욕망을 자극한다. 이 욕망을 채우기 위해서는 돈이 삶의 가장 중요한 가치로, 돈이면 무엇이든 할 수 있다는 생각이 세상을 지배하고 있다. 이로 인해 갖가지 사회 병리 현상들이 생겨나고 있으며, 가속화되는 부의 집중은 계층 간의 갈등을 고조시키고 사회를 분열시키면서 삶의 질을 떨어뜨리고 있다. 물질만능 시대에 쏟아지는 수많은 재화를 소유하려는 욕망과 이를 이루지 못하는 현실 속에서 사람들은 좌절감을 느끼며 소외되고 절망하며 괴로워한다. 이제까지 인류의 문명은 욕망을 일으키는 포유류 뇌와 이를 억제하고 순화시키는 인간의 뇌가 아슬아슬한 균형을 이루며 지탱해왔다. 이는 단순히 개인적 차원이 아니라 집단적인 무의식으로 뿌리 깊게 인류를 지배하고 있다.

앞으로 전개될 4차 산업혁명은 인공지능에 의해 자동화와 연결성이 극대화되는 산업 환경의 변화를 의미한다. 제4차 산업 혁명에서는 인간이 할 수 있는 거의 모든 일이 기계와 인공지능에 의해 대체되리라는 것이 대부분 전문가의 의견이다. 1차 산업혁명이 인간의 육체 노동력이 기계로 대체되었듯이, 4차 산업혁명은 정신노동력 대부분이 인공지능에게 대체될 가능성이 높다. 불안하게도 거대한 4차 산업혁명의 중심에는 욕망의 대상인 물질만 있고, 이를 제어할 사상은 찾아보기가 어렵다. 인공지능과 자동화 기계가 가져올 사회의 변

화와 전개를 예측하는 많은 자료가 쏟아지고 있지만, 이를 균형 잡아
줄 인간의 뇌를 활성화하려는 시도는 미약하다. 이 균형이 깨질 때마
다 인류는 많은 고통과 절망을 겪었으며 문명은 오히려 퇴보하였다.

인간의 뇌를 활성화하여 포유류 뇌를 제어하지 못하면 SF영화에 내
용처럼 미래학자가 우려하는 일들이 현실화될 지도 모른다. 이제 인류
는 창의성 없이는 생존하기 어려운 4차 혁명 시대를 맞이하고 있다.
우리의 미래는 인간이 기술 시스템의 부품이 아니라 기술의 주인이 되
도록 해야만 한다. 현재 인류는 중요한 선택의 갈림길에 놓여 있다.

기억이란

기억(記憶) 또는 메모리[영어: memory]는 정보를 저장하고 유지
하고 다시 불러내는 회상의 기능을 의미한다. 인간은 기억하는 능력
을 가지고 있는 동시에 망각하는 기능을 갖추고 있다. 기억은 학습,
사고, 추론하기 위한 기본적인 기능이다. 정보 처리 측면에서는 기억
은 부호화[encoding], 저장[storage], 재생[retrieval])의 단계로 이
루어진다. 기억이 만들어지려면 우선 감각기관으로 정보가 들어와야
한다. 즉 보고 듣고 냄새 맡고 맛보고 접촉하는 등의 감각 정보가 뇌
로 들어오고, 이 정보들이 서로 조합돼 하나의 기억이 만들어진다.
감각기관을 통해 들어온 정보들이 모두 기억으로 저장되지는 않는
다. 무수한 정보들이 감각기관을 통해 뇌로 입력되지만, 극히 일부만
기억으로 저장되고 이마저도 시간이 흐르면 잊혀지게 된다. 개인의

정보는 오랜 기간의 진화를 통해 축적된 정보계 일부로 존재하는 것으로, 각자의 뇌 속에 존재하는 것이 아니다. 두뇌는 우주심이 OS로 깔린 정보의 송수신 장치이다. 이 장치는 성장과정을 거치면서 조직과 기능이 완성되고 향상된다. 일부 학자의 주장대로 정보가 두뇌에 저장된다면 만약 종교를 통해서 구원이나 깨달음을 얻은 후 사고나 치매에 걸려 기억을 잃어 버렸다면 죽은 후에 천국과 천당을 갈 수가 있을까? 사람들은 종교에 대해서도 자명한 답을 요구하고 있다. 이제는 본질적인 질문에 답을 가지고 있지 않은 종교는 신뢰를 얻기가 힘들다.

아뢰야식은 정보계가 존재하여야만 논리적으로 설명할 수 있다. 사후에도 존재하여 윤회와 환생을 이끄는 의식이 바로 아뢰야식이기 때문이다. 육체의 진화는 언제나 영혼의 진화와 함께 이루어진다. 한 번 생명계에 나타났다가 돌아갈 때마다 새로운 데이터[기억]가 더해져서 고등 동물의 영혼은 수십억 년을 두고 무량한 윤회를 반복한 결과, 수많은 생의 기억이 되풀이 기록된 방대한 정보를 가지고 있다. 이러한 방대한 정보는 에너지인 파동의 형태로 정보계에 저장되어있다. 삶에 관한 기억된 정보를 에고라고 한다. 이것이 나라는 정체성을 만드는 근원이다. 에고는 자라면서 주위의 환경에 영향을 받으면서 자기중심적으로 형성된다. 버려야 할 대상은 바로 에고(ego)다.

자아의 형성

세상에서 가장 중요하고 신비로운 것이 의식이다. 천부경에서는 의식을 본심(本心)이라 하여 '본래부터 스스로 존재하는 마음'이라 명확히 밝히고 있다. 의식을 쉽게 이해하기 위해서 우리에게 익숙한 컴퓨터에 이 개념을 대응해 보자. 우선 우리의 몸에 해당하는 하드웨어를 생각해 보자. 단단한 본체는 우리의 신체다. 키보드, 마우스, 소형 카메라 등의 입력장치는 우리의 감각기관이다. 눈, 코, 입, 귀, 피부가 여기에 해당한다. 다음으로 우리의 정신에 해당하는 소프트웨어를 생각해 보자. 화면에 무엇인가를 드러내기 위해서 가장 근원적인 소프트웨어가 필요한데, 그 역할을 하는 것이 운영 체계인 OS이다. OS가 모니터에 의미 있는 무엇인가를 드러날 수 있게 해주는 것처럼, 의식은 인간이 내면세계를 가질 가능성을 열어 주는 것이다. 응용 프로그램에 해당하는 것이 기억, 정체성, 학습한 내용, 발달한 능력 등이다. 컴퓨터의 OS처럼 우주에는 본래부터 스스로 존재하는 우주의식이 있고, 각각의 생명체는 이 의식과 연결되어 있으며, 연결된 범위와 정보의 양에 비례하여 자기와 외부 세계를 인식하며 살아가고 있다. 이를 정리하면, 의식은 외부로부터 오는 감각을 정보로 재구성하여 저장하는 기능과 내면으로부터는 관념화된 저장된 정보를 끌어내는 기능인 생각하는 능력이 있다. 이러한 감각과 관념이 내적 세계를 구성한다. 이렇듯 인간은 본심인 의식을 바탕으로 외부로부터 오는 감각과 내부에 형성된 관념인 정보를 자아(自我)라고 여기고 세상을 자기중심적으로 판단 분별 시비하며 물질인 육신을 위해 살아간다.

마음에 대해 가장 많이 연구한 불교의 유식설은 인간의 마음[정신]을 대상으로 한다. 유식(唯識)은 오직 마음이란 뜻이다. 현상에 대한 인식이나 인간 내면의 반응을 마음의 작용으로 설명한다. 행불행이나 희로애락의 감정 발현이나 좋고 싫음의 감정도 오직 마음의 작용으로 설명한다. 마음의 작용에 따라 같은 대상이나 사건이라도 다르게 받아들여질 수 있다. 유식학은 마음을 8가지로 구분해서 각각의 특징을 설명한다. 전오식(前五識)은 의식에 선행해서 움직이는 5가지의 마음으로, 의식에 앞선 작용이므로 전(前)이라고 하였다. 안(眼), 이(耳), 비(鼻), 설(舌), 신(身)의 5가지 감각을 마음의 영역에 포함시켰다. 그리고 그것을 인식하고 판단하는 영역으로 제6식, 의식을 설정하였으며 제6식은 현재의 내가 인식하는 마음이다. 그리고 제7식을 말라식(末那識)이라고 하였다. 말라식은 오로지 한 가지 목적을 위해서 분석하고 분류하고 선택하는 일을 한다. 그것은 바로'자기한테 유리한 것이냐, 자기에게 즐거운 일이냐'하는 자기중심적이며 자기 보존적인 에고(ego)에 기준으로 궁리를 한다. 말라식은 이기심이며 에고의 화신인 것이다. 이 말라식은 모든 생명체에 공통된 정신활동이다. 그 발현은 자기 보존의 욕구인 생존 본능으로 정신분석학에서 말하는 '잠재의식'과 유사하다고 할 수 있다. 이 말라식이 나라는 것에 대한 집착의 근원이다. 다만 인간만이 말라식으로부터 치밀어 오르는 감정을 조절하고 제어하는 힘을 지니고 있다. 마지막 여덟 번째의 식이 아뢰야식이다. 아뢰야식은 마음의 근본이며 보관 창고와 같다고 해서 장식(藏識)이라고도 한다. 무엇을 저장해 둔 것이냐 하면, 최초로 등장한 생명체인 단세포 생물로부터 인간에 이르기까지 수십억 년의 진화를 통한, 그리고 억겁의 세월 동안 윤회를 반복한 모든 삶의 경험이 기억으로 저장되어 있다는 것이다. 이 방대한 정보의 창고가 바로 아뢰야식이다. 위와 같은 특성이 사실이라면 이 아뢰야식은 '기억'보다 훨씬 확대된 의미이다. 태어나서부터 경험을 범위로 하는 기억에 반해 아뢰야식은 억겁의 반복 윤회를 통한 전자기(前自己)의 모든 것을 담고 있기 때문이다. 이 속에는 인식한 경험뿐만 아니라 수십억 년에 걸친 진화 과정에서 습득한 생물학적인 모든 정보까지 함께 들어 있다는 것이다. 흔히 마음이나 생각의 뜻으로 쓰는 의식은 유식설의 여섯 번째 식이다. 이 의식은 다섯 가지의 감각기관과 말라식 아뢰야식의 영향을 받으며, 나머지 일곱 가지 식을 조절하고 제어한다고 설명한다. 아뢰야식은 정보계가 존재하여야만 논리적으로 설명할 수 있다. 사후에도 존재하여 윤회와 환생을 이끄는 의식이 바로 아뢰야식이기 때문이다.

의식은 세상에서 가장 심오한 영역이다. 세상의 모든 의식은 본심이 바탕이다. 따라서 모든 생명체의 각각의 의식은 본심의 작용으로 생성되고 운영된다. 본심은 순수의식이다. 이 존재가 시공간을 벗어나서 하나로 통합된 정보의 세계[정보계]를 구축한다. 즉 本心이 정보계를 만드는 원인체이다

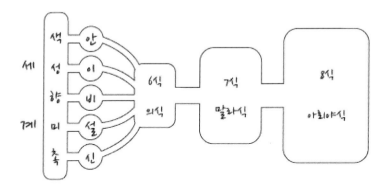

유식학

감정의 생성

감정은 반드시 몸으로 나타난다. 몸짓이나 얼굴의 표정을 보면 감정을 읽을 수 있는 이유이다. 감정은 영어로 emotion이다. 이는 e(=out)+motion(동작)으로 '행동을 밖으로 드러내다'이다. 몸이 표출하는 동작의 표현을 감정이라고 말한다. 이러한 감정을 담당하는 뇌가 파충류 뇌다. 감정을 일으켜 몸을 움직이는 것이 효소와 호르몬이다. 이들이 세포에 명령을 전달하는 전령이라는 것이 밝혀져 있다. 효소나 호르몬은 전부 단백질로 구성되어 있고 의학의 발달로 일부는 인공적인 합성도 가능해졌다. 단백질은 약 스무 종의 아미노산이 결합한 고분자로서 분자량이 매우 큰데 각각의 아미노산이 결합한 형태에 따라 세포가 반응하는 특정 시그널을 만들어 낸다고 보면 된다. 현재까지 발견된 효소는 약 2,200종인데 효소마다 전부 다른 신호로써 세포를 반응하게 한다. 아미노산을 어떤 방식과 결합하면 이 단백질이 어떤 세포에 어떤 반응을 하게 만드는지까지는 과학이 어느 정도 밝혀내고 있지만 이런 신호 단백질과 세포 사이의 정보체계는 여전히 오리무중이다.

생명활동은 무생물 분자들 사이의 단순한 화학반응으로는 설명할 수 없는 것이 너무나 많다. 물질 간의 반응은 무조건적이고 즉시적이며 같은 조건에서는 늘 같은 결과가 나온다. 그러나 생명체의 반응은 이와 달라서 같은 자극에 대한 반응은 가변적이다. 반응하기도 하고 하지 않기도 하며, 즉시 반응할 때도 있고, 시차를 두고 반응하는 경우도 있다. 인슐린이라는 호르몬이 내는 신호를 세포가 인식하지 못했기 때문에 반응 하지 않음으로써 당뇨병이 생긴다. 어제까지 인슐린에 잘 반응하던 세포가 왜 오늘부터는 반응하지 않는지 현대의학도 이것을 알지 못한다. 세포 간에 주고받는 정보의 매개물은 무엇일까? 특정한 부위의 신경망이 손상을 입으면 신체 일부가 마비된다. 그러나 이렇게 신경조직이 손상을 입어 어떤 감각도 느끼지 못하는 신체 부위라 할지라도 생명체의 일부로써 그것이 유지되는 한 절대로 파괴되지 않는 별도의 정보망이 존재하고 있다. 세상의 모든 현상은 존재하는 것들의 정보가 교환되면서 빚어지는 사건들이다. 정보는 의식의 산물이다. 높은 차원의 시스템이 낮은 차원의 시스템을 제어하는 원리를 이해하면 효소와 호르몬이 인체에서 왜 가변적인지를 알 수가 있다. 인간은 무수히 많은 작은 세포들이 공생관계로 모여 이루어진 복합체이며, 생명체의 군집이다. 우리 몸을 이루는 100조 개의 세포들은 그 각각이 모두 독립적인 생명체들이라고 할 수 있다. 거대한 다세포유기체의 부분이 되는 것을 생존방식으로 선택한 것이다. 이러한 단위생명은 각각의 의식이 존재하며, 그것들 각각의 식이 합쳐진 것이 통합하여 하나의 유기체에 의식을 형성한다. 이 엄청난 양의 정보들이 하나로 통합하는 기능의 생명체들이 모인 기관이 뇌이다. 단위생명체인 세포의 의식과 통합의식이 상충하여 일어나는 현상이 가변성의 원인인 것이다. 이를 해결하려면 의식을 상위 차원으로 높이면 해결된다. 깨달음은 의식뿐만 아니라 신체를 조화와 균형을 이루게 하여 건강하고 활기찬 몸을 유지시키고 향상시킨다.

감정의 정화

불교의 유식설로 설명하면 태어나면서부터 지닌 기질은 8식인 어뢰야식과 관련이 있다. 한 생명의 자성(自性)은 아뢰야식의 전체 내용에 따라 변화하는 것이고, 이 자성이 인연을 바꾸어 윤회를 결정한다. 인간으로 태어나기 위해서는 수많은 환생을 한 후에야 가능할 것이다. 기근과 내전으로 지옥 같은 참상을 겪는 나라들에 태어나는 사람들은 짐승으로 태어난 삶보다 더 나을 것이 없어 보인다. 영혼도 육체와 마찬가지로 윤회를 통해서 진화하는 것이므로 고등한 단계로 옮겨가게 되어있다. 대충 살다 죽으면 다음 생도 대충 살다가 죽는 사람이 될 가능성이 크고, 이생을 잘 살면 다음 생에는 더욱 지적이고 생활 단계도 향상된 삶이 예정된 인간으로 태어날 가능성이 커지지 않을까? 의식의 윤회는 모든 생명체에 공통된 것이다. 윤회는 보편적인 생명현상의 가장 기본적인 법칙이다. 육체의 진화는 언제나 영혼의 진화와 함께 이루어진다. 영혼이 육체라는 옷을 계속해서 갈아입는 윤회를 반복하는 것은 영혼이 진화를 위해 택하게 된 방법으로서 생명계의 가장 기본적인 메커니즘이다. 이러한 수억겁의 생을 윤회하게 하는 업력(業力)은 다양한 삶을 통해서 다채로운 감정을 느끼고 체험하기 위해서다. 감정은 우주심이 창조한 가장 델리키트하고 수준 높은 의식영역이다. 인간은 생명계에서 유일하게 자신의 영혼에 책임을 진다. 자신을 인식하는 유일한 단계인 인간에 이르러서야 비로소 생명은 진화의 벽을 뛰어넘거나, 아니면 퇴보하거나 하는 선택권이 주어진다. 인간은 때로는 짐승보다도 더 사악함을 보이고 잔인한 짓도 서슴지 않는다. 반면에 타인을 구하기 위해서 자기의 목숨도 희생한다. 이런 양극의 경우에 스스로 선택하고 행동하게끔 하는 것이 '감정'인 것이다. 생명체 중에서 다양한 감정을 표현하는데 최고로 발달한 존재가 바로 인간인 것이다.

인간은 다양한 사회제도를 통해 타인과의 관계 속에서 발생하는 감정을 조절하고 다스리는 법을 배우고 익힌다. 이런 과정이 영혼의 진화와 맞물려 있다. 영혼의 진화는 에고가 다양한 감정을 경험하고 이로 인해 생긴 이기심을 정화하는 과정이다. 인간이 수많은 생을 겪는 까닭이다. 우주심이 개체의식을 통해 드러내고자 하는 최고의 감정이 사랑이다. 오직 전체의식인 사랑으로 깨어난 영혼만이 다음 단계로 도약할 수 있다. 수준 높은 다음 차원의 세계로 넘어가려면 감정을 정화해야만 한다. 이는 누구도 나를 대신 할 수 없다. 오직 본인 스스로 해결해야만 한다. 내 업은 내가 닦고, 내 죄는 내가 속죄하여야 한다.

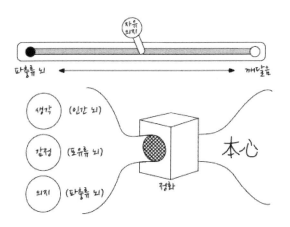

마음의 정화

의식의 윤회

천부경에서는 인간이 우주의 발달과 진화를 진행하는 주체임을 밝히고 있다. 이는 윤회(輪廻)와 다층(多層)의 우주관을 설정하지 않으면 실현이 불가능하다. 윤회(輪廻, 산스크리트어: Saṃsāra, 영어: rein-carnation)는 일정한 깨달음, 경지 또는 구원된 상태에 도달하지 못한 사람은 그 깨달음, 경지 또는 구원된 상태에 도달할 때까지 계속하여 이 세상으로 재탄생한다는 교의 또는 믿음이다. 윤회의 교의에 따르면, 이 세상에서 겪는 삶의 경험이 자신의 발전에 더는 필요치 않은 상태 또는 경지에 도달할 때 비로소 이 세상으로의 윤회가 끝난다. 불교·힌두교·자이나교·시크교 등의 주로 인도에서 유래한 종교들에서 윤회를 믿으며 중요한 교의 중의 하나로 여기고 있다.

오늘날 기독교는 윤회사상을 인정하지 않으며 이것을 본래 기독교리 인 듯 당연하게 생각한다. 그러나 초기 기독교에서 윤회와 환생은 정식으로 인정되던 교회신학의 일부였다. 이처럼 윤회환생에 대한 믿음은 초기 기독교 신앙의 근본토대를 이루는 것이었으며 예수의 진리적 가르침과 불가분의 관계에 있었다. 그러나 신성과 믿음을 강조한 교회의 입장에서는 환생사상이 현생에서의 구원의 필요성을 경시하게 만들고 교회와 그리스도의 역할을 최소화시킨다고 생각하여 복음서에서 삼위일체설을 선택하면서 환생을 암시하는 구절들을 완전히 삭제해 버렸다. 그리하여 생명의 기본 순환원리인 윤회론은 기독교에서 사라져버리고 믿음만을 강조하는 종교가 되어버렸다.

우주가 다양한 차원으로 구성되어 있다면 그것들을 경계 짓는 기준은 파동일 것이다. 소립자에서 원자, 분자, 눈에 보이는 차원과 보이지 않는 차원까지 모두가 진동형태로 존재하며 이들의 결합으로 우주는 더 높은 차원으로 진화한다. 의식은 추상적이고 만질 수 없고, 반면에 물질은 견고하고 단단하여 의식과는 매우 다르다고 판단하지만, 근본은 같은 재료인 본심으로 만들어졌고, 다만 차이점은 진동수일 뿐이라는 것을 알면 둘을 구분 짓는 경계는 사라진다. 파동의 주파수대가 다를 경우 같은 공간 속에서도 서로 다른 차원의 세계가 공존할 수 있다. 물질은 느린 파동으로 구성되어 있어 본심의 에너지가 적게 포함되어 있고, 마음은 더 세밀한 파동으로 구성되어서 본심의 에너지를 많이 소유하고 있는 것이다.

불교에서는 '삼천대천세계(三千大天世界)'라는 표현으로 매우 방대한 우주관을 설명한다. 우주를 크게 나눠서 종적으로는 욕계(慾界), 색계(色界), 무색계(無色界)라는 삼계(三界)의 28천(天)으로, 횡적으로는 33천의 구조로 펼쳐져 있다고 한다. 동양의 우주관은 종적으로는 9층 구조로 1, 2층은 지옥·연옥이 있고 9층에는 옥황상제가 사는 옥경이 있고, 횡적으로는 33天의 문명권이 존재한다고 한다. 인간의 영적 문제를 다루는 신지학에서는 우주가 7층으로 물질계, 아스트랄계, 멘탈계, 코잘계, 붓디계, 아트마계, 제일 상위의 신계로 구성되어 있다고 한다. 이러한 다층의 우주관을 신지학에서 주장하는 이론으로 살펴보자.

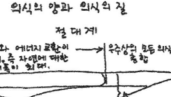

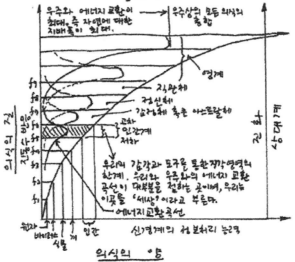

〈출처: 우주심과 정신물리학-이차크 벤토프〉

　식물도 자극에 대해 반응을 하며, 상황에 적응할 줄 알고, 생존을
위한 방어를 하며, 명암을 구분하고 생식활동으로 자손을 번식한다.
동물은 3차원 공간에서 이동할 수 있고 같은 종끼리 의사전달이 가
능하고 길들여진 짐승은 인간과 의사소통도 할 수 있다. 식물계, 동
물계, 인간계를 합쳐서 물질계라고 한다. 육체는 물질계에서 환경과
가장 잘 상호작용을 할 수 있도록 도와주는 도구이다. 인간의 정상적

인 의식 상태보다 위쪽에 위치한 의식차원을 아스트랄계라고 한다. 의식의 진화가 낮은 사람의 경우 죽어서도 낮은 차원의 아스트랄계에 머무른다. 인간의 진화는 낮은 차원부터 시작되므로 삶을 살다가 죽은 다음엔 전생의 영적 성장만큼 진화하여 다시 태어난다. 이러한 진화 방향은 나선을 따라 순환하면서 다음번에는 더 높은 수준에서 태어난다. 아스트랄계는 매우 사실적이며 견고하고 확실하게 느껴진다. 그러나 아스트랄계와 인간계의 경계 구역에는 가장 질 낮은 존재들이 우글거리고 있다. 육체가 없다고 해서 인격이나 지성은 바뀌지 않는다. 죽어서 이들과 같이 있어야만 한다면 이것이 지옥일 것이다.

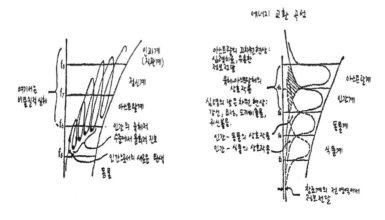

아스트랄계 〈출처: 우주심과 정신물리학-이차크 벤토프〉

　인간 차원에서는 감정적인 문제를 해결해야만 의식이 정신차원으로 진화가 가능하다. 우리가 인간계에서 풀어야 할 과제가 감정의 정화다. 이를 위해서 꼭 탐진치로 뭉쳐진 에고를 해체해야만 한다. 이를 이루는 과정이 수행이다. 아스트랄계에서 수명을 다하면 나선을 따라 멘탈계로 올라 갈 수도 있다.멘탈계에서 인간개체는 비로소 감정적인 의식으로부터 자유롭다. 이 차원에서 허용되는 유일한 감정은 사랑뿐이다. 수많은 삶의 순환을 거친 다음에야 코잘계(인과계)에 도달할 수 있을 것이다. 이 차원을 직관계라고도 하는데 이는 지식이 순식간에 거대한 다발이 되어 의식에 새겨지기 때문이다. 그러한 지식은 일차적으로 번역할 필요 없이, 상징적으로 응축된 정보를 한꺼번에 전체적으로 이해한다. 죽음이란 다른 차원으로 상승하기 위한 과정이며 우주의 정교한 프로그램이다. 의식의 진화는 육체를 떠나서 물질계를 넘어선 차원에서도 계속되며 그 세계도 물질계처럼 분명한 느낌이 있는 존재하는 세계이다. 본심은 진화라는 장려제도를 통하여 지각 있는 존재들이 진화의 사다리를 빨리 올라가서 최고 수준까지 의식을 개발할 수 있도록 돕고 있다. 본심은 인간에게 의식의 진화를 원하며, 영성이 깨어날수록 우주에 대한 지식의 습득과 이해는 점점 수월해진다. 영성(靈性)이란 용어는 종교와 관련이 있는 것이 아니라 의식의 정화와 그에 따른 의식 차원의 향상과 관련이 있다. 의식 차원이 질과 양적으로 높은 경지에 이르면 가장 높은 본심과 공명하게 된다. 그렇게 되면 자동으로 도덕심이 발달하고 사랑이라는 에너지를 발산한다. 사랑은 감정이 아니라 우주에 충만한 에너지이다. 이 차원에 이르면 인간은 창조주의 일부로서 자신의 경험이 우주의 진화에 크게 기여를 하게 된다. 이것이 인간으로서 태어난 이유고, 최고의 가치이고, 목표이고, 인간완성인 것이다.

창조적 사고과정

창의성은 인간의 삶에 대단히 중요하다. 창의성이야말로 인간을 가장 인간답게 만드는 근본적인 원인이다. 창의성은 문화 속에서 어떤 상징 영역을 변화시키는 과정을 의미한다. 인간이 불완전한 환경에서 살아남고 적응하기 위해서는 새로운 것을 만들어 내야만 했다. 이에 과거의 기억을 다양하고 새롭게 연결하고, 지금의 상황을 분석하고, 미래에 대한 상상과 예측을 하여 이들을 강력하게 느낌으로 통합한다. 이때 직관이 중요한 요소이다. 뇌는 느낌에 의해서 작동되면 기억된 정보들을 활용이 높아진다. 이렇게 규합된 방대한 정보량을 통합적으로 처리하는 능력을 창의성이라 한다. 이러한 번뜩임은 충분한 학습량이 있어야 일어날 수가 있다. 아무리 머리가 좋은 사람도 정보가 빈약하면 창의력을 발휘할 수가 없다. 창의성의 전제 조건은 공부의 양이다. 우라늄을 농축할 경우 임계질량을 넘어서야 핵분열이 일어나듯이, 정보량이 임계치를 넘어서야 창의력이 발휘된다. 아무리 천재라 해도 문제를 해결하기 위해서는 모든 가능한 방법을 시도하고 온갖 지식을 쌓으면서 깊이 몰두한다. 그렇게 온갖 지식을 쌓고 생각나는 모든 방법을 시도하지만, 머릿속에서는 정리가 안 된 혼란스러운 상태이고, 전체적으로 연결되지 않는 상태가 지속된다. 이

때 모든 시도를 멈추고 아무런 기대도 없이 휴식하고 있을 때, 그때 갑자기 한순간 하늘이 열린 것처럼 되면서 문제의 해답이 온다. 이것은 계속해온 탐구의 극치이며, 모든 것이 직관이 번쩍하는 순간에 마음에 새겨진다. 의식이 잠깐 높은 차원인 우주심과 공명을 해서 필요한 정보를 얻을 수 있다. 자기 분야에서 진보적인 업적을 이룩한 예술가, 과학자, 발명가들의 창조적 통찰력이 직관으로 얻어졌다는 얘기가 이해될 것이다.

뇌와 초월의식

뇌 과학에서 연구한 명상이나 종교적인 초월의식에 관해 알아보면 다음과 같다. 뇌의 계층에서 맨 위를 차지하는 전두엽, 그다음에 감정 입력과 기억에 관련된 변연계가 있고, 그 아래 자율신경을 총괄하는 시상하부가 있다. 다시 그 밑에 뇌간을 중심으로 심장박동, 음식을 삼키는 것 등과 관련된 교뇌가 있다. 그다음으로 골격근과 내부 장기를 조절하는 척수 신경계가 있다. 이 가운데 감정이나 느낌, 궁극적인 종교 현상인 초월의식까지 이해하는 데 관건이 되는 것이 변연계와 시상하부이다. 종교적 초월 현상은 크게 두 가지 형태로, 수동적 명상과 능동적 명상으로 나눌 수 있다. 수동적 명상으로 불교의 삼매(三昧) 명상이라는 것으로 마음에서 생각 잡념들을 제거해서 의식적으로 무념상태를 만든다. 능동적 명상으로는 수피즘의 원무를 들 수 있다. 강렬한 춤을 추면서 자아가 없는 상태까지 들어간다. 초월 상태가 일어나는 뇌의 양상을 앤드류 뉴버그의 이론을 중심으로 살펴보면 촛불 명상이나 화두 선처럼 무언가에 강하게 집중을 하여 무념무상을 만들 때 잡념을 제거하겠다는 강력한 의지적 의식이 극단적 명상 상태에 이르게 할 때 공간지각을 만드는 두정엽으로 흐르는 신경 신호 수입로가 차단이 된다. 그렇게 되면 어떤 일이 일어나느냐 하면 공간의 경계가 사라진다. 동시에 왼쪽에서 두정엽으로 올라가는 신호도 차단이 되면, 자아감이 사라진다. 자아라는 것은 몸의 감각을 중심으로 생기는 것인데 내 몸에서 올라가는 신경자극이 없으면 내 몸의 존재감이 사라진다. 공간하고 시간은 바로 연결되어 있다. 결국, 시간과 공간이 모두 사라진다. 초월 명상 상태를 겪은 선각자들이 공통으로 느꼈다는 것이 '천지와 내가 한 몸이 되었다' 이를 일컬어 '초월적 일체감'이라고 표현한다. 공간도 사라지고, 시간도 사라지고, 천지가 사라지고, 나도 없어져 버린다. 천지에 아무것도 없는 막막한 상태가 되어 버린다. 그러나 전두엽은 명상하는 동안 오프라인 상태이지만 자극이 없는 것이 아니라 내부에서 생성된 의도성이 강력히 작동한다는 것이다. 바깥의 자극은 일단 차단하고 촛불이나 화두에 의도적으로 몰입을 하는 것이다. 외부 자극과는 관계 없이 내부에서 생성된 의도를 가지고 진행되고 있다는 것이다. 그걸 받아서 두정엽에서는 초월 상태일 때 자극이 들어가는 신경 활동이 점점 줄어든다. 말 그대로 졸아드는 것이다. 자료에 따르면 100분의 1초 만에 수입로가 완전히 차단되어 버린다고 한다. 초월 상태에서 문턱을 넘는 순간에, 좌뇌, 우뇌의 두정엽으로 들어가는 모든 자극이 멈춰버린다. 그러면 의식의 내용이 사라지고 의식의 상태만 또렷해진다. 초월적 일체감의 상태가 되는 것이다. 초월적 종교 현상도 뇌과학으로 설명할 수가 있게 되었다.

깨달음의 대상과 범주

의식은 외부로부터 오는 감각을 정보로 재구성하여 저장하는 기능과 내면으로부터는 관념화된 저장된 정보를 끌어내는 기능이 있다. 우리가 어떤 대상을 인식하는 과정은 대상과 감각기관, 이를 통해 전달된 정보를 해석하는 의식작용의 3단계 과정을 거친다. 불교의 유식설은 감각기관인 안(眼), 이(耳), 비(鼻), 설(舌), 신(身)의 5식과 그것을 인식하고 판단하는 영역으로 제6식을 설정하였으며 제6식은 현재 상황을 인식하는 마음이다. 6식까지는 육신이 있으므로 존재하는 식(識)인 것이다. 이는 육체가 사라지면 없어진다.

깨달음이란 본심을 보고 아는 것이다. 본심을 인식하려면 첫 번째로 외부대상이 감각기관으로 들어오는 통로를 차단하여야 한다. 이를 불교의 선종(禪宗)에서는 회광반조[回光返照: 빛을 돌이켜 거꾸로 비춘다]라 하여 언어나 문자에 의존하지 않고 자기 마음속의 영성(靈性)을 직시함으로써 진실한 자신인 불성(佛性)을 발견하는 것을 의미한다. 외부로부터의 자극은 우리의 욕망을 일으키고 온갖 감정을 일으키는 원인이다. 이런 이유로 종교에서는 번뇌에 얽매인 세속에서의 인연을 버리고 재가생활(在家生活)을 떠나 오로지 수행에 힘 쓰기 위해서 출가를 권유하며, 결혼을 금하기도 한다. 수도원이나 기 도원 암자 등이 산속에 있는 이유도 매한가지다. 욕망을 일으키는 감 각을 억제하거나 피하려고 금욕과 고행을 수련방법으로 택하고, 음 식을 제한하고, 무소유를 미덕으로 권장한다. 7식인 말라식은 욕망 과 밀접한 관련이 있다. 말라식은 오로지 한 가지 목적을 위해서 분 석하고 분류하고 선택하는 일을 한다. 그것은 바로 '자기한테 유리 한 것이냐, 자기에게 즐거운 일이냐' 하는 자기중심적이며 자기 보존 적인 기준으로 궁리를 한다. 이러한 감각의 해석과 관념이 내적 세계 를 구성한다. 현재 상황을 인식하는 6식인 의식은 잠재의식인 7식과 8식에 철저히 종속되어 있다. 따라서 우리는 대상을 있는 그대로 인 식하는 것이 아니라 자기중심으로 설정된 관념과 관습으로 분별하고 판단한다. 말라식은 태어나 자라면서 주위 환경에 의해 저절로 형성 된다. 타고난 기질을 바탕으로 가족 및 인연, 종교, 사회, 시대, 지리, 경제 등 수많은 요인에 의해 자기(ego)라는 관념(觀念) 덩어리가 만 들어진다. 관념이 형성되면서 세상을 자기중심적으로 판단하고 이해 하고 분별한다. 깨뜨리고 벗어나야 할 대상이 바로 포유류 뇌와 연관 된 7식인 말라식인 것이다.

두 번째로 버려야 할 대상의 범위를 정확히 설정하여야 한다. 흔 히 '마음을 버려라 비워라' 하고 예수님도 '마음이 가난한 자가 복이 있다'고 말씀하셨지만, 마음이란 대상을 정확히 인지하기가 쉽지 않다. 그 이유는 마음이란 너무 관념적이며 추상적이고 포괄적인 개념이기 때문이다. 그렇지만 세상이 모두 파동으로 구성되어 있음을 이해하면 대상의 정조준이 가능해진다.

과학은 세상이 활동적이며 고정되거나 움직임이 없는 죽어있는 고요한 세계가 아닌 것을 알게 하였다. 모든 만물의 고유성을 구별하는 것이 파동의 차이인 것이다. 파동이야말로 세계의 실체이며 참된 모습이다. 본심이란 먼 옛날 우주의 시공간이 펼쳐지기 전부터 스스로 존재하는 오직 하나뿐인 무한하고 강력한 극미의 파동이다. 이로부터 수많은 파동이 생겨나고 이것들이 서로 부딪혀 만들어낸 간섭무늬들이 시공간 확대와 함께 한없이 팽창하여 세상을 형성하였다. 깨달음이란 우리의 의식을 우주의 파동과 공조시키는 것이다.

말라식을 본심과 공조시키려면 파동을 잠재워야 한다. 말라식을 형성하는 강력한 힘의 원천은 감정이다. 감정은 우리의 기억을 저장시키고 유지하는 주요 원인이다. 외상 후 스트레스 장애처럼 강렬한 감정의 경험은 기억에 각인되어 삶을 지배하기도 한다. 기억의 저장형태는 90% 이상이 형상(形相)으로 저장된다고 한다. 기억을 떠올리면 대부분 형상으로 생각난다. 그 형상에는 감정이 묻어있고 형상을 지우면 감정도 사라진다. 감정이 사라지면 기억의 저장력도 약해진다. 말라식과 현재의식을 가르는 파동의 경계가 사라지면 관념과 관습으로부터 자유로워진다. 의식은 현재 상황에만 집중하게 된다.

명상이란

버려야 할 대상이 기억 속에 묻어있는 감정이고 이것은 형상(形相)으로 저장되어 있다. 이것을 지우면 본심이 드러나고 깨달음을 얻게 된다. 어떤 목적을 의도하여 관련된 기억된 정보를 떠올리는 작용을 생각이라 한다. 기도, 참회, 화두, 염불 등은 생각으로 한다. 생각은 내 의지대로 되는 것이 아니라 수많은 번뇌를 동반한다. 이 까닭은 기억 속에 묻어있는 감정이 파동인 에너지이기 때문이다. 다양한 에너지의 파동이 잠재되어 있다가 생각이란 작용이 이들을 자극하자, 서로 간섭하고 방해하고 뭉치면서 의식으로 표출된다. 이것이 생각을 의지대로 제어할 수 없는 까닭이다.

감정을 일으키는 주된 요인이 욕심이다. 이루려는 욕심은 많아지고 이에 반하여 현실과의 괴리감이 높을수록 현실에 대한 만족감은 줄어들고 스트레스는 점점 심해진다. 현대 자본주의는 이런 현상을 가속시키고 있다. 이를 해소하는 건강한 방법의 하나로 명상이 주목을 받고 있다. 기독교의 기도나 불교의 화두선도 명상의 일종이다. 명상은 '고요히 눈을 감고 깊이 생각함' 또는 생각[想]을 잠재운다는 [冥] 뜻이다. 주관적인 관점에서 벗어나 자신을 객관적으로 바라보는 자아성찰 방법이다. 불교 명상의 최종 목적은 모든 괴로움의 완벽한 소멸, 열반이다. 괴로움의 원인은 탐욕, 성냄, 어리석음이므로, 불교 명상의 목적은 탐욕, 성냄, 어리석음을 모두 제거하는 것이다.

네거티브 명상법

명상의 핵심은 한 곳에 의식을 집중하는 것이다. 에고는 한 가지 생각에 집중할 때 약해지고 힘을 잃는다. 한곳에 의식을 집중하다 보면 처음에는 수많은 번뇌가 일어나지만 이를 극복하고 계속하다 보면 붙들고 있던 의문이나 생각마저도 사라져 버린다. 이때 수행자는 깨달음을 얻게 된다. 이것이 깨달음을 이루는 기존의 방법이다. 그러나 현대 생활환경은 너무나 복잡해서 끝없는 상념을 만들어 내므로 과거의 방법으론 깨달음을 얻기란 너무나 어렵고 오랜 시간이 소요된다. 과거의 방법이 어렵고 막연한 까닭은 없애야 할 대상을 정확히 파악하지 못하고, 번뇌를 제거하는 방법이 확실하지 않기 때문이다. 예를 들어 비유하자면 기존의 명상법은 매립지에 우물을 판다고 가정할 때 지하수가 흐르는 암반까지 한군데를 계속 파고들어 가는 방법이다. 오염된 매립물을 그냥 놔두고 한군데를 집중적으로 파 들어가는 것이다. 매립물은 탐진치로 가득 찬 감정 덩어리인 아뢰야식이고 암반은 본심이다. 매립물의 양이 적고 재질이 단순하면 실행 가능한 방법이다. 과거 우리의 삶은 단순하고 평생 환경의 변화가 적었기 때문에 매립물의 양이 적었고 종교적인 가르침과 사회규범이 계속해서 쌓이는 것들을 억제하는 역할을 하였다. 그래서 깨달음을 얻고 나서 남아있는 매립물을 제거하는 수행을 중요하게 여겼다. 또한 욕망을 일으키는 육신이 있는 한 매립물은 계속해서 유입되기 때문에 이를 막기 위한 수행이 평생의 중요한 과제였다. 초심을 잃고 변질되는 영성단체나 종교가 사이비로 타락하는 이유가 깨달음을 지키고 유지하지 못하고 정체되면서, 자기들만의 포장된 관념 속에 갇히기 때문이다.

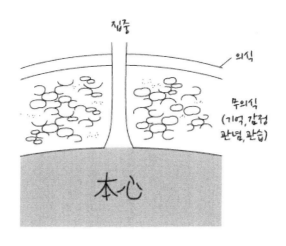

네거티브 명상

포지티브 명상법

새로운 포지티브 명상법은 매립물을 제거하는 방법이다. 실행에 앞서 우선 명상법을 이해하는 것이 중요하다. 왜냐하면, 명상은 의식작용이므로 방법에 대해 이해하지 못하면 믿음을 가질 수 없고, 믿음이 없으면 집중하여 실행할 수가 없기 때문이다.

앞서 버리고 없애야 할 대상이 산 삶의 기억 속에 묻어있는 각종 감정임을 설명하였다. 삶 속에서 일어나는 사건과 대상에 관한 기억 속에는 그 당시 느꼈던 감정이 함께 저장돼 있는 것이 일반적이다. 물론 반복적이거나 같은 자극인 경우에 감정 없이 저장되기도 한다. 이것이 누적되고 반복되면서 마음에 일정한 패턴이 생기는 것을 관념이라 하고, 그것이 굳어져 같은 반응을 나타낼 때를 관습이라 한다. 개인적으로 형성되는 패턴뿐만 아니라 가족, 사회, 민족, 국가, 인종, 지리적 환경 등과 같은 집단에서 오랜 기간을 거치면서 무의식으로 저장된 뿌리 깊은 관념과 관습이 우리의 삶을 지배하고 있다. 이러한 기억은 대부분 형상(形相)으로 저장되어 있다. 따라서 생각으로 기억을 떠올려, 떠올린 형상을 의식으로 제거하고, 제거되었음을 마음이 인정하면 되는 것이다. 이것이 마음을 버리는 것이다. 이것을 집중해서 계속하면 감정이 제거되고, 감정이 엷어지면 형상도 희미하게 변해가고 결국엔 사라진다.

이것이 금강경(金剛經)의 사구계(四句偈)에 범소유상 개시허망 약견제상비상 즉견여래(凡所有相 皆是虛妄 若見諸相非相 即見如來: 무릇 형상이 있는 것은 모두가 허망하다. 만약 모든 형상을 형상이 아닌 것으로 보면 곧 여래를 보리라)이다. 매립물인 형상을 제거하면 본심이 드러난다. 방법을 이해하고, 방법대로 실행하여 효과를 얻게 되면 믿음이 생기고, 믿음이 생기면 매립물을 대량으로 버릴 수 있는 능력을 부리게 되고, 자신감이 커지면서 일어나는 마음을 객관적

으로 볼 수 있는 여유와 마음을 한곳에 집중하는 힘이 생긴다. 지관
쌍수(止觀雙修)가 저절로 이루어진다. 원리는 간단하다. 에고의 마음
[매립물]을 버리면 본심[암반]이 드러난다.

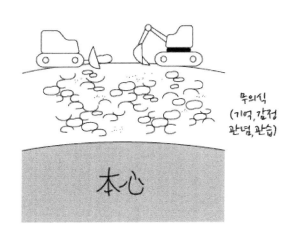

무의식
(기억,감정
관념,관습)

本心

포지티브 명상

포지티브 명상법의 원리

버리고 없애야 할 감정 덩어리인 아뢰야식은 3가지 요소로 구성
되어있다. 첫째는 기억 속에 묻어있는 감정 뭉치인 관념이고, 둘째는
관념이 굳어서 몸에 밴 관습이고, 셋째는 카메라로 대상을 찍어 사진

을 남기듯이 눈을 통해 입력되어 저장된 세상이다. 감정을 일으키는 사연은 대부분 인연과의 상호 작용에서 발생한다. 인연과 아무런 관련 없는 사연은 거의 만들어지지 않는다. 사연 속에서 다양한 감정이 생성된다. 감정은 본심의 작용이다. 즉 컴퓨터의 OS처럼 기존에 이미 내장된 우주프로그램이다. 흔히들 감정을 억제하고 무시하는 정도를 인격수양의 척도로 가늠하며 분별한다. 중요한 것은 감정의 억제가 아니라 조절이다. 감정을 조절하는 주체는 각자의 의식수준이다. 자가밖에 모르는 욕심 가득한 이기심으로 인연들을 대하느냐, 아니면 전체를 하나로 생각하는 우주심으로 인연을 대하느냐. 이것이 인성(人性)의 기준이다. 인성이 최고수준인 성현들은 하나같이 '네가 싫어하는 것을 남에게 하지 마라' '네 이웃을 네 몸처럼 사랑하라' '남에게 대접을 받고자 하는 대로 남을 대접하라'라고 말씀하셨다. 성현들은 감정의 최고 수준인 사랑의 실천가(實踐家)들이었다.

감정은 대부분 인연과의 교류에서 생긴다. 인간들이 바라는 수많은 금은보화도 부귀영화도 사람들 사이[人間]에서나 가치가 인정되지, 이 세상에 나 홀로 존재한다면 아무런 뜻도 의미도 없을 것이다. 관념은 나와 인연과의 사연 속에 담겨있다. 사연들을 생각하면 그 당시에 느꼈던 감정도 함께 떠오른다. 이것을 없애면 관념이 무너지기 시작한다. 누적된 사연의 기억 속에 사고의 틀인 관념이 담겨있기 때문이다. 그다음엔 관념의 기반인 자존심, 열등감, 불안감, 이중마음, 선입관, 고정관념, 미움, 원망 등이 변화되고 약해지고 없어진다. 이것이 진정한 마음의 자유인 것이다.

다음은 관습으로 관념이 굳어져 몸에 밴 것이다. 이 몸에 대한 생각을 없애는 것이 관습타파인 것이다. 눈감고 경계가 느껴지는 몸에 대한 의식범위도 실은 생각일 뿐이다. 잠자거나 깊은 몰입을 할 경우 몸을 느끼지 못한다. 유한한 물질인 몸만이 나란 생각이 욕심을 일으키고 번뇌를 만드는 주범이다. 몸에 대한 생각을 없애면 관습이 변화되고 사라진다. 몸에 밴 습관, 버릇, 음식, 고집, 아집 등이 변하고 교정된다. 물욕이 줄어들면서 사치 허영심이 사라진다. 이 몸이 나란 생각이 온갖 욕망을 일으키고 이를 충족지 못할 때 좌절하고 분노하고 깊은 상실감과 우울감이 생기고 결국에는 몸을 해치고 병들게 만든다. 몸은 우주의 기운이 조건에 의해 뭉쳐진 한정된 결합물이다. 의식을 담기 위한 우주의 창조물로서 본심으로 살 때 몸은 가장 건강하고 활기차다.

버려야 할 세 번째 요소는 기억 속에 담긴 세상에 대한 형상이다. 이는 실은 존재하지 않는 허상이다. 그런데 우리는 지금 보고 느끼는 세상을 기억과 비교하며 분별한다. 현상을 있는 그대로 바로 보지 못하는 이유이다. 이 세 가지 요소가 버리고 없애야 할 대상이다. 이들은 기억으로 저장되어 있고 생각으로 떠올리면 형상으로 드러난다. 정조준이 가능한 이유다. 이들이 실체가 없는 허상임을 인정하고 반복해서 버리면, 즉 매립물을 다 버리면 본심이 드러난다. 이것이 포지티브 명상법의 원리다.

깨달음의 의식상태

뇌 과학의 실험에서 밝혔듯이 깨달음에 이르렀을 때의 체험은 명료하고 확실하다. 첫 번째 단계는 시간과 공간이 모두 사라진다는 것이다. 공간도 사라지고, 시간도 사라지고, 천지가 사라지고, 생각이 사라지고 언어가 사라지고 감각이 제거되고 나도 없어져 버린다. 마음에서 내용이 다 사라져버린 것이다. 천지에 아무것도 없는 상태가 되어 버린다.

두 번째 단계는 순수한 인식 상태만 느껴진다. 생각, 언어, 감각이 다 사라져버리고 순수한 의식 상태만 남는 것이다. 그런데 내용은 아무것도 없다. 여기서 중요한 것은 자아가 없어도 인식할 수가 있다는 것이다. 초월상태는 의식의 내용 없이 의식의 상태만 또렷한 현상이다. 이런 현상을 컴퓨터로 비유하자면 설치된 모든 프로그램을 포맷하는 원리와 같다. 응용프로그램을 제거하고 OS를 초기화하는 것이 깨달음의 원리와 같다. 다만 컴퓨터는 한 번으로 가능하지만, 마음을 비우는 것은 수없이 반복해야만 한다. 그러다가 한순간이라도 없어짐이 인정되면 의식이 이를 정확히 인지한다. 이에 관한 대표적인 글이 불교의 반야심경(般若心經)이다. 반야심경은 2백 60글자에 지나지 않는 짧은 경이지만, 이 경이야말로 불교철학의 진수며 석가모니 설법의 결론이라고 한다. 이는 관자재보살이 명상으로 순수의식 상태에 이르러 에고가 사라지자, 남은 것이 또렷한 본심[空]만이 있음을 알고 이를 설명한 것이다. 깨달음은 2단계로 진행된다. 처음에는 내[ego(에고)]가 없어짐을 본심이 아는 단계로 색즉시공(色卽是空)이다. 두 번째는 세상 일체가 본심의 표상임을 아는 단계로 공즉시색(空卽是色)이다. 이것 모두가 본심(本心)의 작용이며 관점을 어디에 두느냐에 따라 다른 사상체계가 형성되었다. 석가모니는 형이상학적 문제에 관심을 기울이거나 얽매이기보다는 내심(內心)의 적정(寂靜)의 경지인 열반을 얻으려고 노력했다. 석가모니는 당면하여 해결하고자 했던 것은 에고의 발현인 인생고(人生苦)의 문제였다. 석가모니는 깨달음을 성취한 후에 제자들에게 관점의 대상을 버리고 없애야 할 에고에 초점을 맞춰 설하신 것이 12연기, 사성제(四聖諦), 팔정도(八正道), 열반(涅槃), 해탈(解脫) 사상이다. 석가모니의 가르침은 오로지 고통과 윤회의 근원인 개체(에고)의 소멸에만 집중되었다.

다음 단계는 세상의 일체가 하나님, 부처님의 표상으로 근본이 하나임을 체득하여야 한다. 이 단계를 올바르게 체득하지 못하면 오히려 독선과 아집의 무서운 공(空)의 깨달음에 갇힌 괴물이 되어 세상의 독이 된다. 깨달음의 가장 큰 의식변화는 세상을 보는 관점이 개체중심에서 전체의식으로 180도 바뀌는 것이다. 자기 혼자만의 해탈(解脫)을 추구하는 이기심을 극복하여 일체중생(一切衆生)의 구제를 이상으로 삼아 자리이타(自利利他)를 추구하고 실천하여야 깨달음이 완성되는 것이다. 이를 실천하신 분들이 성현이다.

깨달음의 단계

깨달음은 의식에서 본심의 존재를 체득하여 확인하는 것이다. 체득이 중요한 이유는 지식으로 아는 것은 의식에서 100% 인정하지 않기 때문이다. 에고는 육신을 바탕으로 생긴 정보 덩어리인 에너지체이며 육신이 존속하는 동안 끊임없이 생성되어 삶을 지탱하는 원동력으로 이번 생에 주어진 개체의 미션을 수행하기에 필요한 감정을 일으키고, 욕심을 부리고, 꿈을 갖고 이를 성취하고자 노력하는, 필수 불가결한 존재이다. 다만 방심하면 의식을 지배하려 하므로 에고를 제어하려면 본심의 힘을 키우고 의식을 확장하는 공부와 수행을 꾸준하게 하여야 한다. 아마도 이러한 과정은 다음 세상에서도 지속해서 해야 할 것이다.

불교의 화엄경은 보살이 가져야 할 마음가짐과 생활방식을 단계별로 세밀히 구분하고 단계별 특징을 기술하였다. 이 중 보살이 행해야 할 열 가지 행위인 십행(十行)이 있는데, 제1은 환희지(歡喜地)로서 깨달음의 눈이 뜨여 기쁨으로 가득 차 있는 경지, 제2는 이구지(離垢地)로서 기본적인 도덕으로 직심(直心)을 일으켜 나쁜 죄의 때를 떨쳐버리는 경지, 제3명지(明地)에서는 점차 지혜의 빛이 나타나, 제4염지(燄地)에서 그 지혜가 더욱 증대되고, 제5난승지(難勝地)에서는 어떤 것에도 지배되지 않는 평등한 마음을 가지며, 제6현전지(現前地)에서는 일체는 허망하여 오직 마음의 활동에 지나지 않음을 깨달으며, 제7원행지(遠行地)에서는 열반에도 생사에도 자유로 출입하고, 제8부동지(不動地)에서는 지혜가 다시는 파괴될 수 없는 경지에 다다른다. 그리하여 목적에 사로잡히지 않고, 제9선혜지(善慧地)에서는 불타의 비밀의 법장(法藏)에 들어가 불가사의한 대력(大力)을 획득하고, 제10법운지(法雲地)에서는 무수한 여래가 대법(大法)의 비를 뿌려도 이를 다 증득(證得)하며, 스스로 대자비심을 일으켜 중생의 무명 번뇌의 불길을 꺼버린다. 따라서 십지 전체를 통하여 보살은 자신을 위하여 깨달음을 구하는 동시에, 다른 사람도 깨달음으로 향하게 한다는 이타행(利他行)을 닦는 것이 중요한 책무이다. 육바라밀로 행하는 법보시(法布施)의 달인이 바로 보살이다. 깨달음은 마치 계단을 오르듯이 에고를 닦을수록 본심은 점차 환하게 드러나며 남을 돕는 능력도 비례하여 발휘된다.

공자는 논어 위정편에서 자신의 일생을 뒤 돌아보며 이런 말을 하였다. 나는 나이 열다섯에 학문에 뜻을 두었고(吾十有五而志于學), 서른에 뜻이 확고하게 섰으며(三十而立), 마흔에는 미혹되지 않았고(四十而不惑), 쉰에는 하늘의 명을 깨달아 알게 되었으며(五十而知天命), 예순에는 남의 말을 듣기만 하면 곧 그 이치를 깨달아 이해하게 되었고(六十而耳順), 일흔이 되어서는 무엇이든 하고 싶은 대로 하여도 법도에 어긋나지 않았다(七十而從心所欲 不踰矩). 이는 공자께서 평생 일이관지(一以貫之)했던 핵심원리인 '서(恕)'를 본인이 노력하여 나이가 들어가면서 완성됨을 설명한 것으로 생각한다. '서(恕)'는 인간의 사회적 본성을 설명하는 중요한 도덕적 원천이다. 공자는

'서'의 뜻을 '기소불욕 물시어인'(己所不欲 勿施於人) '자기가 하고 싶지 않은 것을 남에 하지 않는 것'이라고 밝히셨다.

참나(眞我)

참나란 개체성을 전제로 성립된다. 여가서 개체성이란 지금 세상에 살고 있는 육신에 한정된 개체가 아니라 본심의 바탕 위에 수억겁의 생애를 윤회하는, 아뢰야식의 주체를 의미한다. 즉 윤회하며 생성된 모든 정보를 총괄하는 의식의 주체를 말한다. 본심은 자신을 스스로 인식할 수가 없고 인식기관과 의식을 통해야만 인식할 수가 있다. 본심의 뜻에 따라 창조된 세상은 인간이라는 인식 도구에 의해서 드러난다. 이를 위해서는 인간이 깨달음을 얻어서 본심의 존재를 확인하여야 한다. 인간의 의식이 본심과 통할 때 비로소 본심은 인간을 통하여 자기가 창조한 세상을 보고 확인 할 수가 있다. 본심이 인간의 생존과 번영을 위해 창조한 에고는 일정한 의식수준에 도달하여야만 본심을 확인할 수 있는 자격과 능력이 생긴다. 깨달음을 얻고 본심과 에고의 상관관계를 이해하고 에고를 부리면서 본심으로 세상을 위해 살아가는 의식의 주체를 참나[眞我] 라고 한다. 하나님 부처님의 분신이며 하나이지만, 본심자체는 아니다.

기독교의 삼위일체론(三位一體論)은 성부(聖父), 성자(聖子), 성령(聖靈)이 본질은 한 신이라는 교리이다. 성부는 본심이고, 성령은 명상을 통해 개체에 인식된 본심으로 체험의 정도에 따라 개인마다 차이가 있다. 성자는 본심의 뜻대로 사는 자(者)이다. 불교에서도 법신(法身), 보신(報身), 화신(化身)이 하나라는 삼신사상이 있다. 법신은 본심이고, 보신은 개체에 담긴 본심으로 깨달음 정도에 따라 각기 다르다. 화신은 본심의 뜻과 하나로 사는 자(者)이다. 용어와 사상적 배경은 달라도 원리는 똑같다. 참나란 깨달음을 통해 본심을 알고 그 바탕 위에서 윤회의 업력을 인정하면서 다양하게 변모하는 육신을 도구 삼아 인간완성을 향해 끊임없는 삶을 사는 주체를 말한다.

신인류의 출현

신인류란 깨달음을 얻고 그 마음으로 세상을 위해 살아가는 인간이다. 이 의미를 가장 잘 표현한 단어로 불교의 '보살'을 들 수 있다. 보살은 산스크리트어 bodhisattva를 음역한 말이다. 여기서 bodhi는 보리라는 말로 깨달음을 말하고. Sattva는 생명 있는 존재, 즉 중생들을 말한다. 그래서 bodhisattva를 글자 그대로 보면 '깨달은 중생'을 말한다.

깨달음이란 말은 '깨치고 도달하다'란 뜻이다. 그러면 무엇을 버리고 어디에 도달한단 말인가? 에고를 타파하고 본심을 증득하여 영적인 도약을 이룬다는 말이다. 이러한 체험을 불가에는 견성(見性)이며 기독교에서는 성령체험이라고 한다. 인간은 태어나면서 부터 주위 환경에 절대적 영향을 받는다. 하루 종일 코란의 독경 소리를 듣고 메카를 향해 예배드리는 환경에서 자란 이슬람 교인이 기독교를 이해하고 믿기란 어려운 일이다. 그의 일생은 어릴 때 형성된 견고한 가치관과 관념 관습으로 세상을 분별하며 살아 갈 것이다. 이것이 업(業: Karma)이다.

지구상에 70억 인간 모두가 각자의 마음속에 갇혀있다. 자기란 마음은 실은 없는 것이다. 있다는 것은 존재한다는 것이고, 존재한다는 것은 누구나 알고 보고 실체를 인정할 수 있어야 한다. 우리는 아무리 노력해도 타인의 마음세계를 알 수가 없다. 본인은 스스로 있다고 착각하지만, 그 누구도 내 마음을 알 수가 없다. 이것이 개체적 자아[에고:ego]이다.

에고는 태어날 때 지닌 성격을 바탕으로 자라면서 주위의 환경과 조건에 반응하면서 자연스럽게 생성된 '산 삶의 기억'이라 할 수 있다. 흔히들 마음을 비워라 버려라 할 때 이 에고를 말하는 것이다. 에고의 특징 중의 하나는 끝없는 욕심이다. 물질만능시대에 쏟아지는 수많은 재화를 소유하려는 욕망과 이를 이루지 못하는 현실 속에서 사람들은 좌절감을 느끼며 소외되고 절망하며 괴로워한다. 이 갈증은 끝이 없어서 채워도 채워도 허기를 느낄 수밖에 없다. 이를 벗어나는 유일한 방법은 의식의 차원을 높이는 것이다. 과거 인류의 삶은 의식주에 매여 있었지만, 과학의 발달로 지구에서 생산되는 물자를 고르게 분배한다면 누구나 먹고 살 수 있는 세상이 되었다. 이제는 인류가 의식의 도약을 통해서 새로운 문명권으로 진입하는 조건이 충족되었다.

수많은 PC가 같은 OS로 인스톨됐지만 저장된 정보의 내용과 분량은 다를 수밖에 없다. 에고는 PC에 저장된 정보라 비유할 수 있다. 깨달음이란 컴퓨터를 인터넷망을 연결하는 것과 같다. 우리는 인터넷을 통하여 무한한 정보를 얻고 교류할 수 있다. 정보의 경계가 사라지고 하나의 통합된 세계가 구축되는 것이다. 인터넷은 선을 연결하고 관련된 앱을 실행하면 되지만, 의식의 상승을 위해서는 우리의 의식을 본심과 연결하여야 한다. 의식을 본심과 연결하려면 에고의 기능을 정지시켜야 한다. 이러한 이유로 깨달음을 얻기가 어렵다고 하고, 구원이 어두운 장막 속에 갇혔다고 하는 것이다. 에고를 분석하면 기억이란 본심의 창조력으로 만들어진 것이므로 없앨 수가 없다. 없애고 버리고 비우는 대상은 기억 속에 묻어있는 에고의 이기적인 감정이다. 이를 정화해야 한다. 수 많는 윤회를 겪는 가장 큰 이유도 다양한 감정의 경험을 통하여 영적 성장을 하기 위함이다.

고등동물인 인간은 감정의 표출과 세밀한 표현이 정점에 도달하여 있으므로, 본심이 나를 통하여 이루고자 하는 미션을 자각할 수 있다. 감정의 최고 레벨은 '사랑'이다. 에고의 개체적인 수준의 사랑이 아니라 전체의식의 사랑이다. 이것이 하나님의 마음이다. 그래서 예수님도 부처님도 공자님도 표현은 다르지만 남을 배려하고 위하는 마음인 사랑을 최고의 가르침으로 삼았다. 과학적인 관점에서 의식·감정은 에너지이다. 에너지란 고유의 파동을 지니고 있다. 에고의 감정 에너지가 본심의 근본파동과 공조를 일으키려면[PC를 인터넷에 연결] 개체 감정을 일으키는 에너지의 파동을 잠재워야 한다. 이것이 감정을 정화하는 것이다. 이를 이루기 위해 방법이 기도고 명상이고 수행이다. 예수님께서 '회개하라 천국이 가까이 왔다'가 이를 두고 하신 말씀이고, 석가모니께서는 거짓 나를 없애 열반에 들라고 말씀하셨다. 진정한 참회, 회개만이 개체의 감정을 정화할 수 있는 유일한 방법이다. 그러나 이러한 의식을 종교가 독점하면서 본질이 왜곡되고 기득권층으로 변질된 많은 종교인은 이를 상품화하여 팔고 있다. 올바른 회개의 시작은 이러한 역학구도를 잘 이해하는 것이다.

모든 감정은 본심이 창조한 걸작이다. 다만 감정을 표현하는 주체를 에고가 아닌 본심으로 전환하는 것이 회개이다. 회개는 어두운 골방이나, 에고의 감정을 극도로 표출시키는 잘 꾸며진 종교 행사에서 이뤄지는 것이 아니다. 나의 마음이 본래는 본심임을 인정하고, 에고가 버려야 할 허상임을 인정하면 된다. 다음은 에고의 산 삶의 기억에 묻어있는 감정들을 제거하면 된다. 에고의 감정이 정화되면 자연히 본심이 드러난다. 무한의 에너지인 본심은 사랑 자체이다. 본심으로 세상을 살 때 실제세상인 천국에 사는 것이다. 이때부터 참다운 창조력이 발휘 된다. 많은 창작인 발명가 예술가들이 말하는 영감(靈感)이 바로 이것이다.

천부경에서는 본심의 성격을 크고(太) 밝다(陽)고 하였다. 크다는 것은 횡으론 무한대이고 종으론 다층구조인 우주 모두를 포함한다. 밝다는 것은 진선미(眞善美)를 의미한다. 보살은 6바라밀을 사용하여 대승불교에서 추구하는 궁극의 가르침인 상구보리 하화중생(上求菩提 下化衆生: 위로는 열심히 수행 정진하여 깨달음을 얻고, 아래로는 중생들을 교화하여 참된 지혜와 자비의 삶을 사는 것)을 실천한다. 유학(儒學)에서는 하늘이 부여한 인간의 본성에는 본래 선(善)하며, 어질고, 의롭고, 예의 있고, 지혜롭고, 믿음인 인의예지신(仁義禮智信)이란 다섯 가지 道理(도리)가 담겨 있다고 한다. 이를 실천하는 자를 군자라 하고 완성을 이룬 자를 성인이라 하여 '성인군자'를 유가의 도덕적 수양론의 궁극 목적으로 삼았다. 일체를 하나로 인식하는 본심에는 고정관념, 기준, 잣대, 선입견, 틀이 없다. 깨달음을 얻어야만 참다운 삶을 살 수가 있고, 6바라밀과 인의예지신이 발현된다. 각 종교에서 추구하는 궁극의 목적을 이룰 수가 있다. 이 원리를 알고 실행하면 누구나 구원을 얻고 보살이 되는 시대가 왔다. 신인류(新人類)의 탄생에는 노력과 실천이 필요하다. "두드려라 그러면 열릴 것이다"[성경 마태복음 7장]

참고문헌

- 《우주심과 정신물리학》 이차크 벤토프, 정신세계사, 1987

- 《마음의 여행》 이경숙, 정신세계사, 2003

- 《기의 여행》 이경숙, 구름, 2009

- 《뇌, 생각의 출현》 박문호, 휴머니스트, 2008

- 《빅 히스토리》 데이비드 크리스천·밥 베인, ㈜북하우스 퍼블리셔스, 2013

- 《지적 대화를 위한 넓고 얕은 지식: 역사 경제》 채사장, 한빛비즈(주), 2014

- 《지적 대화를 위한 넓고 얕은 지식: 철학 과학》 채사장, 한빛비즈(주), 2015

- 《사피엔스》 유발 하라리, 김영사, 2015

- 《호모데우스》 유발하라리, 김영사, 2017